世界へのまなざし

永尾 教昭
Nagao Noriaki

□まえがき

本書は、天理教内の月刊誌『みちのとも』に「きょうだいへのまなざし」というタイトルで二〇一七年四月から二〇二三年四月まで連載したものを、テーマごとに五つの章に振り分け、さらに加筆・訂正してまとめたものである。

連載にあたり、発行元の天理教道友社から指示されたのは、さまざまな社会問題を天理教の信仰的にどう捉えるかといった視点で書いてもらいたいということであった。

もともと文章を書くことは嫌いではないし、筆者は過去道友社の社長を務めていた責任も感じ、あまり深く考えずに引き受けた。しかし、いざ書き出してみると、ことのほか難しいことに気づいた。

まず政治的なことがらを書こうとすると、たとえば安全保障などはイデオロギーの問題にも踏み込んでしまう。当然、教内にも色々な考え方はあるし、信仰的にどちらが正しいと単純に言えるようなものでもないだろう。したがって、そういったことにはあまり触れることはしなかった。

一方、今日よく話題になる生命倫理の問題、たとえば本書で取り上げた積極的安楽死、出生前診断の結果による堕胎などの問題。また同性婚や夫婦別姓などは、いずれも教団として、その是非について見解が出されているわけではないので、それらについて筆者が自分の思いを勝手に書いていいのかとも悩んだ。

加えて連載中に、新型コロナウイルス感染症の世界的流行とロシアによるウクライナへの軍事侵攻があった。これらに触れないわけにはいかないと思ったが、どちらも現在進行形であった。コロナでいえば、現実にそのとき、その病気で出直されたり、病床で苦しんでいる人、またそのご家族がおられる。そういった方々を傷つけるべきではない。しかし書きようによっては、結果的に傷つけることになってしまうこともあるだろう。

ロシアの軍事侵攻については、宗教者としては何よりも一日も早い停戦を祈るべきで、その言い分についてどちらかに一方的に肩入れすることは控えるべきだろう。この両者の問題については、慎重に筆を進めたつもりである。

もちろん、各項目、いずれも筆者の個人的見解であることは間違いないが、繰り返すようだが、教会本部から言わば公式に全教会に配布されている『みちのとも』誌上で、どこまでそれが許されるのか。しかし、そういうことに一つ一つ逡巡していたら、逆に何も書けなくなってしまう。当たり障りのないことばかりを書けば、無味乾燥な文章になり、書くこと自体に意味があるのかということになる。

結論として、むしろ、これが一つの契機となり、教内で批判されあるいは賛同されて、広く今日的な問題について検討されていけばいいのではないかとの思いで書いたつもりである。

連載期間は、ちょうど、筆者が天理大学の学長を務めていた時期に当たる。それゆえ、同大学のことが当事者の立場で書かれてある部分も多いが、ご理解いただきたい。

天理教教祖、おやさまは、

はや〳〵としやんしてみてせきこめよ
ねへほるもよふなんでしてでん
このねへをしんぢつほりた事ならば
ま事たのもしみちになるのに
（おふでさき　第五号64・66）

と教えられる。

右にあげた問題以外にも、ＡＩ、気候変動などなど、毎日のように未知の問題が津波となって押し寄せている現代社会にあって、それらに対する信仰者の姿勢や、信仰的に問題の解決を考えることが、結果的に道の教えの根を掘ることにもなるのではないかと思う。

なお文章のなかに「今年」「去る……」とか「このところ」といった、その文章を書いた時点を基準にした時間的表現があるが、あえてそのままにした。各項目の文末に載せてある年月号を参照していただければと思う。

令和五年十二月

永尾　教昭

世界へのまなざし

目次

第一章 国際社会と道

第二章 ■ 複雑化する社会の中で

第三章 偉大なるこの道

第四章 教理を活かす

第五章 道のこれからを考える

装丁：篠森夢子

第１章

国際社会と道

壁を取り払う

今年（二〇一七年）に入ってから、この人のニュースを聞かない日はない。第四十五代アメリカ合衆国大統領、ドナルド・トランプ氏である。

選挙運動中から、メキシコとの国境に壁を築くと公言していたが、大統領就任後もその主張を取り下げていない。壁を築き、その費用はメキシコに支払わせるという。当然ながらメキシコ大統領は拒否している。

彼は目に見えない壁も築こうとした。シリア、イランなどイスラム圏七カ国からの入国一時停止や難民の受け入れを拒否する大統領令である。対して、ワシントン州などは異議を唱え、連邦裁判所は大統領令停止の仮処分を出し、結局、大統領側は取り下げた。この原稿を書いている時点では、新たな大統領令を出す構えだ。

これについてトランプ氏は、決してイスラム教徒を排除しているのではないと述べたが、彼は以前からイスラムへの嫌悪感を隠そうとしなかった。

それだけではない。ここ数年、世界の潮流とも言える貿易自由化の流れにもあらがい、保護主義的な経済政策を打ち出そうとしている。

今日まで多くの人が抱くアメリカの印象は、懐の深さだろう。そもそも移民で構成された国でもあり、政治的移民だけでなく、スポーツ選手、研究者、芸能人など多くの外国人を受け入れ、彼らもまたそこに溶け込んで、アメリカという国は成り立ってきた。アメリカでひと花咲かせる「アメリカン・ドリーム」という言葉もあった。

トランプ氏の当選は、ヨーロッパで移民排斥を訴える極右政党を勢いづかせている。今年四月から五月にかけてのフランス大統領選に向けて、国民戦線のマリーヌ・ルペン党首の支持率が伸びている。移民の受け入れをいわば国是としてきたフランスで、もしルペン氏が大統領に選ばれ、移民の排除を実行に移すならば、フランスという国のかたちが変わる。同様に、ドイツやオランダでも極右勢力が意気軒高である。

トランプ氏やヨーロッパの極右政党が、特にイスラム系移民を排斥しようとする目的の一つは、テロリストを入国させないことだという。しかしイスラム教徒が、すなわちテロリストではない。筆者は長年、フランスで暮らしたが、筆者の知り合いのイスラム教徒は善良な人ばかりだ。対象とすべきはテロリストであり、イスラム教徒ではない。

また、雇用が移民に奪われているとも主張するが、アメリカの失業率は四パーセント台と極めて低い。ヨーロッパなどでは、白人が敬遠する肉体労働などの安価な労働力を移民に求めた事実もある。

イスラム排除の究極的理由とは、いわゆるユダヤ・キリスト文明がイスラム文明に取って替わられるという危機感であろう。

ヨーロッパのイスラム系移民は二千万人を超え、アメリカでもイスラム教徒が増えているといわれる。彼らはキリスト教に基づく習俗、習慣は守らないだろうし、逆に女性はブルカなどと呼ばれる特殊な服装をし、豚肉を食しないなど、自分たちの習慣を持ち込んでくる。当然そこには強烈な違和感が生まれる。つまり「私たちの世界になじまない者は、帰ってくれ」との言い分だろう。

しかし、自と他の間に壁をつくることが、真の意味で世界の安定につながるだろうか。

確かに、多様な習俗や価値観が入り交じる社会は混乱を引き起こし、そこには軋轢《あつれき》が生じがちである。しかし、それを乗り越えて共存の道を探ることこそ、人類の英知のなせる業ではないのか。生物に性があるのは、遺伝的多様性が種の強さにつながるからだという。生物学的にも多様性があった方が、生物の存続が保たれやすいということだろう。

今回のトランプ大統領の出した政策によって、昨年、経済制裁が解かれ、アメリカとの間に雪解けの兆しがあったイランも、態度を硬化させている。

天理教の教祖は、「ひながたの道」を踏み出すに当たり、貧に落ちきる形として瓦を降ろし、高塀を取り払われた。高塀とは、屋敷を取り囲む塀（壁）のことではなく、大和地方に見られる屋根の構造で、その家の格式を示すシンボルとも言えるものである。

教祖が高塀を取り払われたのは、単に家屋敷の処分ということではなく、いわば権威主義の否定とともに、保身や自己中心主義、国家でいえば排他主義の否定、要するに、人間社会にはびこる精神的な壁を取り払えとの思召ではないだろうか。勇気をもって胸襟を開き、価値観の違う人とも交じり合う努力をすることが陽気ぐらしへの道であると、象徴的に示されたのが高塀取り払いではなかろうか。よく見よう。今なお教会本部に塀がないのは、それを物語っているとも考えられないか。

トランプ大統領の決定について、ロイター通信による一月のアンケート結果は、支持・四十九パーセント、反対・四十一パーセント。まさに国が二分され、全米各地で支持派と反対派がぶつかり合い、さらには世界中でデモが繰り広げられている。トランプ氏が築こうとする壁によって、アメリカのみならず、世界に〝新たな壁〟が出来つつある。

（２０１７年４月号）

慎みと遠慮

アメリカのドナルド・トランプ大統領が、今度は地球温暖化に対する国際的な枠組みである「パリ協定」からの離脱を表明した。アメリカは、一九九七年に採択された「京都議定書」も批准しておらず、それに代わるものとして当のアメリカが主導して作ったのがパリ協定だ。トランプさん、ちょっと無責任ではないか。

地球は徐々に暑くなっていると、身をもって感じている人は多いのではないか。世界気象機関の発表によると、今夏、パキスタン南西部で摂氏五四度を記録した。またイラン南西部では五三・七度、アメリカやバルカン半島でも四〇から五〇度を記録している。ヨーロッパでは山火事が相次ぎ、研究者のグループは地球温暖化が原因と断定した。日本でも近年、局地的な豪雨などで各地に被害が出ている。

ごく身近なところでも、本来はその海域にいないはずの魚が大量に獲れたり、かつて近畿地方では少数派だったクマゼミが繁殖し、多数派だったアブラゼミが減ったりしている。なんとかしなければ大変なことになるのではないかという、漠然とした不安を抱えている人は多いだろう。

実は、日本はこの問題に関して、世界に対してあまり大きな顔をできない。所構わずきらめくケバケバしいネオン、過剰包装など、いずれも外国ではあまり見かけないものである。欧米では、派手なネオンサインは大抵、特定地域に限定されているし、物を買っても全く包装してもらえないこともある。

世界的な問題は、ほかにもたくさんあるが、移民問題、緊迫する東アジア情勢などと違い、温暖化は、私たちごく普通の庶民も関与しなければ解決しない問題である。

こういった問題はよく、「ゼロか百か」に陥りがちだが、そうではない。たとえば「冷房の設定温度を少し上げる」「車の使用を少し控える」「使っていない電気はこまめに消す」など、皆が日常のちょっとしたことに気をつけて実行すれば、ずいぶん違ってくるらしい。まさに道の教えにある「慎み」の態度が、今こそ求められている。

ところで「感謝・慎み・たすけあい――陽気ぐらしのキーワード」という標語が掲げられて久しい。この「慎み」は翻訳しにくい言葉だが、本教の公式な英訳では「moderation」を使っている。「慎み」を手元の和英辞典で引くと、これ以外に「restraint」とか「reserve」

などが載っている。これらを、今度は逆に英和辞典で引くと、ともに「慎み、遠慮……」などとなっている。つまり「慎み」と「遠慮」はよく似た心情なのだろう。しかし、『おさしづ』では、この両者に対して真逆の説き分けがなされている。

「慎み」については、「慎みが理や、慎みが道や。慎みが世界第一の理、慎みが往還や程に」（明治25・1・14）と、その心持ちの大切さが説かれている。

一方、「遠慮」については、遠慮することもあるだろうと述べておられる場合もあるが、多くは、「互に遠慮は要らん。遠慮は追しょうになる。追しょうは嘘になる。嘘に追しょうは大ぼこりの台」（明治31・5・9）。

あるいは、「遠慮無しに諭すは理。なれど、遠慮するは神の道とは言わん」（明治33・10・11）などと、強く否定されている。時には「遠慮気兼ね」と組み合わせた形でも言及し、これを退けられている。

辞書で見る限り、慎みと遠慮は似通った心持ちのようだが、教えの上では、まるっきり逆である。では、慎みと遠慮は何が違うのだろう。筆者は「慎みは絶対的」「遠慮は相対的」だと思っている。

どういうことかというと、たとえば会議などで、「誰も意見を挟まない。ここで手を挙げたら生意気と言われるだろうな」と思い、言うべきことも言わない。「周りは遊びに行っているのに、私だけが仕事をしていたら、かえって嫌な顔をされるだろうな」と忖度《そんたく》してしまう。こんなふうに、常に周囲との関係性を考えながら、もっと悪い表現を使えば周囲におもねって、出過ぎないような態度や考え方をする。これを遠慮と言うのではないか。

一方、慎みとは、周りの人が車に乗ろうと自分は徒歩でいいと思い、そのようにする。会社などで、ほかの人が皆、電気をつけっ放しにしていようと、自分は消して回る、などと、周囲に流されることなく、自分の信念として自制的な態度を貫く。これが、慎みではないだろうか。

当然、慎みの度合いは人によって違ってくる。大金持ちの人の慎みと、つましい暮らしをしている人の慎みは違うと思う。むしろ違っていていいのではないか。絶対的な価値なのだから、他人と比べる必要はない。

神の前でかしこまることもまた、慎みと言う。月次祭の祭文では、最後に「慎んでお願い申し上げます」と述べる。人は神の存在を確信すれば、畏《おそ》れを感じ、おのずと敬虔《けいけん》な態度をとるようになる。それが慎みという心につながっていくのだろう。

日々慎みをもって、もったいないことはしない。「では、おまえの日常はどうなのだ」と問われれば、誠に汗顔の至りである。筆者自身、自らを戒めないといけないと思う。

（２０１７年９月号）

「国が治まる」とは

昨年十月、いわゆる「イスラム国（ＩＳ）」が、ひとまず壊滅した。彼らは主にイラク、シリア両国にわたって、極度に過激なイスラム主義に基づく国家の樹立を目指し、そのためには手段を選ばなかった。多くの無辜《むこ》の市民を殺害するなど、人びとを恐怖の底に陥れた。

ＩＳが掃討されたことで、シリアは平和になったのだろうか。全くそうではない。もともとシリアは、「アラブの春」（※）の延長線で、現アサド大統領の強権的政治に批判的な反体制派が現政権を倒そうとして、内戦状態になっていた。そこに政権側を支援するロシアと、反体制派を支援するアメリカが絡み、加えて周辺諸国も参戦して泥沼化していった。そして両派にとって共通の敵とも言うべきＩＳが台頭し、さらにクルド民族が武装蜂起したことで、この国はぐちゃぐちゃの状態にあった。

ＩＳの壊滅は、その何重にも絡んだ結び目の一つが解けたにすぎない。戦乱の犠牲になるのは、いつの時代も罪なき人びとである。この国が治まるのは、まだまだ遠い先なのだろうか。

しかし、そもそも「国が治まる」とは、どのような状態を言うのだろうか。内戦状態でなければ治まっていると言えるのか。だとすれば、北朝鮮は治まっている。しかし、かの国が治まっていると思う人は、おそらく誰もいないだろう。

「政経不可分」という言葉もあるが、単に政治的に治まり平穏なだけではなく、経済もだいたい循環して極端な格差のない社会が、国が治まった状態と言えるのではないか。「経済」の語源は「経世済民」、つまり「世を治めて民を救う」である。現に昨今、ヨーロッパなどで頻発しているテロは、経済的な格差の広がりによる差別意識が原因の一つとなっている。

『みかぐらうた』には普遍的な真理が説かれているが、特に第五節の冒頭である一、二下り目では、まず経済的に、次いで政治的に治まることの重要性を教えておられると思う。

一下り目では、まず「こゑのさづけ」に言及される。これは身上たすけのさづけではなく、米などの豊かな実りを守護くださるさづけである。

「さんざいこゝろをさだめ」この「さんざいこゝろ」の解釈は複数ある。まず三歳の子供のような欲のない心を定めよという意味。さらに「散財」という漢字を当てる。この場合の「散財」は必ずしもネガティブな意味ではなく、金銭に執着しない心という意味とも取れる。筆者はさらに別の解釈をしている。それは「三才」と「心」を分けて考えるのだ。「三才」とは古代中国の思想で「天・地・人」を指し、敷衍《ふえん》して万物、宇宙全体といった意味になる。「和漢三才図会」の「三才」である。つまり、この歌は「天地の間で交わされる悠久のやり取りによって、人間をはじめ万物が生成されるということをしっかり心に治めよ」と教えられていると思うのだ。

「よのなか」は大和の方言で豊年満作を意味し、「りをふく」は親神の恵みが現れるということだろう。その手振りは、種から芽が吹くような動作にも見える。

「むしやうにでけまわす」随所に豊かな実りが現れる。「なにかにつくりとるなら」「やまとハほうねんや」とは、いろいろな物が実り、日本国中、ひいては世界中が豊年となる。

「こゝまでついてこい」神の教えについていけば、「とりめがさだまりた」常に安定した収穫量を約束してやろうと教えられている。

江戸時代は年貢、つまり税金が米の石高で定められ、武士の給料も米で計算されていた。十二下りのお歌が教えられたのは幕末の慶応三（一八六七）年。日本銀行が開業するのが明治十五（一八八二）年で、それから通貨制度が整っていく。したがって、お歌が教えられたころはまだ米本位制度、つまり米が基準となって通貨の価値が担保されていたと考えてよいだろう。

明治六年の調査では、日本国民の約八割が農業従事者である。当時は、米こそが一般庶民の経済の基盤をなしていた。そう考えると、一下り目のお歌は、今で言う経済的な治まりを教えてくださっていると考えられるのではないか。

さらに二下り目。「正月をどりはじめ」、「をどり」すなわち「つとめ」に言及される。つとめは、身上のご守護や、戦乱のない世界の安寧を祈願するものでもある。「ふしぎなふしん」陽気世界の建設に掛かると述べられる。「みにつく」幸せが身につく。言い換えれば無病息災であろう。「よなほり」世直り、つまり世の立て替えである。

「いづれもつきくるならば」「むほんのねえをきらふ」誰もが神の教えに従ってくるならば、謀反、争いごとの根を切ってやろう。

「なんじふをすくひあぐれバ」難儀不自由を救いあげ、「やまひのねをきらふ」病気の根を切ってやろう。

「こゝろをさだめゐやうなら」「ところのをさまりや」神一条の心を定めるならば、必ず土地所が治まる守護をしてやろうと教えられる。

これらは現代で言えば、福祉が充実し犯罪や争いが治まり、人びとが安心して暮らせる世の中への立て替えである。政治的な問題の解決を謳っておられると言えるだろう。

この二つの下りのお歌は、人びとが神の教えに耳を澄まし、たすけ合いつつ勇んで働くならば、神の恵みは遍く垂れ、経済的に安定し政治的な問題は解決し、陽気な社会が現出することを教えてくださっているのではないか。

中山善衞三代真柱は、教祖百年祭を五年後に控えた昭和五十六年一月二十六日に発表された『諭達第三号』の中で、「にをいがけ・おたすけこそ、我我の生命であり、至上の使命である。この使命達成の上に、とりめが定まり、ところの治まる陽気ぐらしを御守護いただける」（傍線筆者）と述べられている。

中東のかの地までおたすけに行くことは、今は誰しもかなわないが、あの国が一日も早く経済的にも政治的にも治まり、人びとが安心して暮らすことができるよう立て替わることを祈りたい。

（2018年3月号）

※2010年12月にチュニジアで起きた民主化運動（ジャスミン革命）を発端として、北アフリカ・中東のアラブ諸国に波及した民主化要求運動

パレスチナ問題

アメリカ政府が、イスラエル国内にある大使館を現在地のテルアビブからエルサレムへ移転すると発表し、世界がざわついている。なんとなれば、国際社会はエルサレムをイスラエルの首都と認めていない。日本大使館もエルサレムではなくテルアビブに設置されている。

昨年末の国連総会で、エルサレムをイスラエルの首都と認定したアメリカ政府の決定に対し、「エルサレムの地位変更は無効」という決議がなされた。大抵のことはアメリカ政府に追従する日本政府も、この決議には賛成した。今エルサレムを首都と認めることは、火に油を注ぎ、問題をより複雑化させるだけだろう。

一般に「パレスチナ問題」といわれるこの地域の問題には、宗教、民族と土地の帰属が絡んでおり、解決が非常に難しい。

エルサレムはユダヤ教、キリスト教、そしてイスラムの三つの世界宗教の聖地である。ユダヤ教の聖地である「嘆きの壁」、イエスが磔になったといわれる場所に建っている「聖墳墓教会」、そして預言者ムハンマドが、この場所から天馬に乗って昇天したとされる「岩のドーム」などが徒歩数分で行ける範囲にある。狭いエリアに三つの宗教の聖地が混在していることが、十字軍の遠征など、歴史上しばしば紛争が起きた原因の一つである。

ユダヤ教の信者にとってのエルサレムは、神との「約束の地」であり、ここを首都とするのは当然と考える。一方、もともとパレスチナに住んでいたアラブ人たちは、そのようなことは到底認められない。

双方に良い顔をしたのが、第一次世界大戦中のイギリス政府である。その、いわゆる二枚舌（あるいは三枚舌）外交なども絡み、その後は周辺諸国も巻き込んで四次にわたる中東戦争が勃発している。そして現在に至るまで、全く解決の見通しが立っていない。

筆者は、かなり以前に一度だけエルサレムを訪れたことがある。今思い出しても、その旅は驚きの連続だった。

出発前、当時日本大使館に勤めていて、現地で迎えてくださる予定だった教友と連絡を取り合った。彼は「もし、いつかアラブの国に行かれる予定があるなら、イスラエルに入国する際、パスポートに入国スタンプを押すのを拒否してください」と言う。イスラエル入国の記録があると、アラブの国々から入国を拒否されるというのだ。筆者は入国時、「ノー」と言ったのでスタンプは押されなかった。入国審査官も、拒否されることに慣れている感じだった。

そういえば、残念なことだがスポーツの試合などでも、イスラエルの選手との握手を拒むアラブの選手がいる。サッカーなどでも、同国チームはヨーロッパ連盟に加盟している。地理的にはヨーロッパでないと思うのだが、周辺国と試合ができないからだろう。

テルアビブ空港に着くと、筆者ら日本人だけが、しつこく渡航の目的などを聞かれた。その理由はすぐに分かった。荷物受け取りの場所に、モニュメントがある。一九七二年に日本赤軍が起こした「テルアビブ空港乱射事件」で亡くなった多くの方々を悼む碑である。それゆえ、今なお日本人旅行者に対しては用心深いのかもしれない。とりわけ日本人にとっては、心の痛むモニュメントだ。

同国内には、言い伝えではあるが、イエスが洗礼を受けた場所や、最後の晩餐を行った場所などがある。また、嘆きの壁などを見学し、宗教に携わる者にとっては大変勉強になった。

面白いのは死海である。塩分濃度がかなり高いので、カナヅチの人でもここでは沈まない。実際に少しなめてみたが、ものすごく塩辛い。

このパレスチナ問題に、解決策はあるのだろうか。代わりのない土地の問題と信仰の問題だけに、その解決は極めて難しい。

この三つの宗教は、言うまでもなく、いずれもアブラハムを開祖とする兄弟宗教であり、一神教である。旧約聖書にある十戒の一節に「あなたには、わたしをおいてほかに神があってはならない」（新共同訳）と書かれている。確かに、これが一神教たるゆえんなのだが、他の信仰を尊重することはあってもいいのではないか。自分の信じる教えを絶対と考えることと、他の教えを尊重することは決して矛盾しないと思う。筆者も、この道こそ真の教えだと胸を張って言うが、他の教えにも敬意は表したいと思う。

『稿本天理教教祖伝』の中に、教祖が「行く道すがら神前を通る時には、拝をするように」（第四章「つとめ場所」）と述べられるくだりがある。さらに『稿本天理教教祖伝逸話篇』には、「何の社、何の仏にても、その名を唱え、後にて天理王命と唱え」（一七〇「天が台」）とある。神仏の前を通ったら、その名を唱えて敬意を表し、それから信じる神、天理王命と唱えれば良いと教えておられる。

ユダヤ教の人たちが、キリスト教会やモスク（イスラムの礼拝場）の前を通ったら拝をする。キリスト教、イスラムの人たちも同様に、シナゴーグ（ユダヤ教会）などの前を通るときは拝をする。それぞれが互いに拝をして、相手の神を厚く敬ってはどうだろうか。

もちろん、そんな単純なことで、すべての問題が解決するとは思わない。したがって、政治の力も国際社会の努力も、まだまだ必要だろう。ただ、こうすることで、世界の景色が少し変わるのではないかと筆者は思う。

（2018年4月号）

まず隣国との友誼から

日韓関係が、このところ芳しくない。筆者はここで政治的な問題に筆を進めるつもりはない。ただ両国の国民とも、できるならば仲が良いに越したことはないと思っているだろうし、筆者もそのうちの一人である。お互い引っ越すことはできないのだから。

何も日韓だけではなく、隣国同士というのは領土、領海が隣接していることもあり、うまくいかないことが少なくない。最近でも中東諸国は言うに及ばず、インド・パキスタン間は緊張しているし、タイとカンボジアでも軍事衝突があった。

インドとネパールの間には十五分という中途半端な時差がある。時差の最小単位は三十分で、十五分の時差というのは世界でここだけだ。これは、一説にはネパールの人たちが、あまり仲の良くない隣国インドと同じ時間にはしたくないからだという。

成熟した大人の付き合いをしているように見えるヨーロッパ諸国でも、隣国の振る舞いに時にはいら立つことがある。たとえば韓国の人たちは日本海を「東海」と呼ぶが、同じように、英仏間の海峡をこの海峡に面したイギリスの町の名を取って「ドーバー海峡」と呼ぶのはイギリス人だけである。フランス人はフランス側の海峡沿いの町、カレー市の名前をとって「カレー海峡」と呼ぶ。

パリ・ロンドン間を走る高速鉄道ユーロスターの開業当時、ロンドン側の終着駅はウォータールーという名の駅であった。この「ウォータールー」をフランス語読みすると「ワーテルロー」となる。世界史の好きな読者はお気づきのように、フランスの英雄ナポレオンがイギリスのウェリントン公率いる英蘭連合軍に敗れたベルギー国内の古戦場の地名である。単なる偶然だろうが、開業時はフランス人の間で「なぜ、わざわざそんな名前の駅を終着駅にするのか」と物議を醸した。現在はそこから延伸してセント・パンクラス駅が終着駅になっている。

天理大学創設者である中山正善二代真柱は、一九二五（大正十四）年、天理外国語学校（当時）の設立に際し、わが国の私立学校で初めて朝鮮語部を設置しようとされた。ところが当時は日韓併合の時代であったから、政府は、朝鮮は外国ではない、朝鮮語という外国語は存在しないと、その設置を許可しなかった。そこで致し方なく、設置時の規約に「当分の内」という一語を入れて認可に漕ぎつけた。

朝鮮語部を設けたことについて、二代真柱は「ぢばに、投じられた一つの石が、波紋として広がって行く。その広がって行く順序を辿ろうというのが、語学校を設立当時の採用した言葉の種類であった」「朝鮮語が我々としたならば、一番大切な、一番近くな言葉なんであります」（※1）と述べ、さらに韓国との関係について「世界の平和は先ず両国の永へに変ることなき堅き友誼から出発しなければならない。（中略）而して朝鮮文化の科学的な研究と、相互の文化的結合こそは、正にその基盤をなすもの」（※2）とも述べられている。

二代真柱は、難しい問題があるならばなおのこと、その国の言語や歴史を学び、もって問題の解決を図ることが何よりも大切であることを認識されていたのだろう。ののしり合いをしていても、物事は解決しない。そしてそのうえで、まず近隣国と友好関係を築き、そこから徐々に世界へ平和を広げて、陽気ぐらし世界を築いていくということである。

天理大学は現在、世界五十一の大学や機関と提携関係を結んでいるが、その第一号は韓国外国語大学校である。同大学は二〇一二年、アメリカのバラク・オバマ大統領が訪韓した折、学内のホールで演説する（大統領が演説したホールは、今それを記念して「オバマホール」

と名づけられている）など韓国の名門校であるが、同大学にとっても世界中の数ある提携校のうち、最初はやはり天理大学である。しかも、両大学の提携協定調印は一九六三年。つまり、日韓国交正常化以前であった。そういった事実もあり、本教とともに天理大学は、韓国国内では非常に存在感がある。

一九五〇年、朝鮮学会設立に際し、二代真柱は総裁に推戴され、また現在に至るも学会事務所は天理大学内に置かれ、歴代学会長は天理大学長が務めている。元外務官僚らの中には、過去の経緯を知っている人が今でもおり、先日も天理大学関係者に「北朝鮮を研究している専門家はいないか」と問いかけがあったという。すべては他に先駆けて天理外国語学校に朝鮮語部を設けたことに拠っている。今日の日韓関係の重要性に鑑みても、二代真柱の決断がいかに的確なものであったかがよく分かる。

政府間交渉には国益が付きまとうから、断じて譲れないところは当然あるだろう。それにつけても、少なくとも一れつきょうだいを標榜する道の信仰者は、こんなときこそ扇情的な物言いや感情的な振る舞いは慎みたい。

天理大学には、いわゆる在日コリアンの学生もいる。卒業式の日などは、日本人女子学生の袴姿に交じって、チマチョゴリ姿もチラホラ見える。天理大学にとって誠に美しい、誇らしい光景だと思っている。

（２０１９年10月号）

※1天理大学創立30周年記念式に於けるお話（昭和30年4月23日）
※2朝鮮学報第一輯（昭和26年5月発行）

緒方貞子氏のこと

緒方貞子氏が亡くなった。氏は日本人初の国連難民高等弁務官（ＵＮＨＣＲ）を務めるなど、世界に大きな影響を与えた日本人の一人である。

緒方氏の在任中、湾岸戦争が勃発した。イラクに住むクルド人がトルコへ逃れようとしたが、トルコ政府は入国を拒否。その結果、クルド人はイラク国内に留まることとなった。従来、ＵＮＨＣＲの任務は国外に逃れた難民の保護であったが、緒方氏は考え方を変え、国内に留まった彼らも支援・保護の対象とした。

アフリカのルワンダでは、一九九四年、国内でツチ族とフツ族の衝突が起こり、四カ月で八十万もの人びとが虐殺された。筆者が耳にしたニュースでは、外見では種族の違いが分かりにくいので、「おまえは何族だ」と聞かれ「○○族だ」と答えた途端、反対の民族が銃を撃ち、殺すということもあったという。

このむごたらしい出来事に、国際社会は無視を続けた。どの国も一切、救援部隊を送らなかった。緒方氏は、隣国ザイール（現コンゴ民主共和国）などアフリカ諸国に救援を訴え、治安維持に当たらせた。

ボスニア・ヘルツェゴビナ紛争では、自ら防弾チョッキを身につけ、頭にヘルメットをかぶり、難民キャンプを飛び回った。小柄な体でさっそうと歩く一人の日本人女性の姿は、多くのメディアに取り上げられ、筆者は日本人の一人として誇らしい思いであった。

筆者は緒方氏を直接存じ上げているわけではないが、一度、講演を聞いたことがある。内容は細かく覚えていないが、いったん内戦が勃発すると難民が発生し、彼らは国外へ避難する。すると今度は、避難先の国で受け入れの問題が発生する。こうして難民の問題は、次から次に新たな問題を生みだすという意味のことを述べておられたのが非常に印象に残っている。

筆者が天理教ヨーロッパ出張所長を務めていたころ、毎年、バザーを開催し、その売り上げの多くを難民問題に役立ててもらおうとＵＮＨＣＲ駐仏事務所に寄付していた。筆者が日本人だからだろう。事務所のフランス人スタッフから、「マダム・オガタにお世話になっています。ありがとうございます」とお礼を言われたことを思い出す。

かつて内戦のあったルワンダには、「オガタサダコ」という名前の女の子がいるという。「オガタサダコ」というファーストネームである。アフリカでは、偉大な人や尊敬する人の名前を自分の子に付けることがよくあるが、この一事をもってしても、いかに緒方氏が多くの人から慕われていたかがよく分かる。

偶然だが、緒方氏が亡くなったちょうどそのころ、筆者は、天理大学を訪れていたUNHCR駐日事務所の職員らと会談していた。まだ彼らも、もちろん筆者も訃報に接する前だった。会談の趣旨は、天理大学で難民の学生を受け入れるかどうかということであった。現在、日本では十の大学が学士課程、一大学が修士・博士課程に難民の学生を受け入れている。多くは、やはり天理大学のような宗教系の大学である。社会に対する大学の責務と考えてのことだろう。もちろん天理大学も受け入れることになった。

天理大学の建学の精神は、陽気ぐらし世界を実現するための人材の育成である。難民学生の受け入れは、大学の使命に全く合致する。もちろん、教理そのものを学ぶわけではないが、余人には想像もできないような悲惨な体験をした若者が、親里ぢばの空気に包まれて学生時代を過ごすことには大きな意味があると思う。そしてまさに、その話し合いをしているころに緒方氏は亡くなったのである。後になって、使命感とともに、親神様の大きな思召を感じた。

緒方氏は生前、外国へ出て活躍しようという意志を持つ日本人の若者が減っていることを憂慮しておられたという。若者たちの国際情勢への関心は、ますます希薄になっているようにも思える。

天理大学では二〇一九年から、外交官養成セミナーという課外授業を設け、将来、外交官や、緒方氏のような国際公務員になろうという志のある学生を育成している。彼らは単に言語を習得するだけでなく、世界の状況を学び、現役の外交官を招いて意見交換するなどして自らの知識を高めている。

加えて、世界各地の日本大使館などで政府の仕事の手伝いをする在外公館派遣員として、今日までに、天理大学から四十人を超える学生が任地へ赴いた。彼らの中から、すでに外交官になった者もいる。天理大学の卒業生で現在、ある国で日本大使を務めている者もいる。こうして一人でも多くの卒業生に、世界中で活躍してもらいたいと切に思う。

「世界たすけ」というスローガンを声高に叫んでいたら世界がたすかるわけではない。もちろん、この「世界たすけ」の「世界」には日本も含まれるのだから、日本国内で道の布教に懸命に汗することも立派なことだ。

ただ、なにも緒方氏のような大きな仕事をせよとか、紛争地に行けと言うつもりはないが、海外に出ようという意欲のある道の若人には、与えられた徳分を最大限に磨き、勇気と度胸を携えて、恥をかくことを恐れず、大いに一歩を踏み出してもらいたい。

（2020年1月号）

「表現の自由」をめぐって

十月十六日、パリ近郊の中学校で歴史と地理を教えていた教師が、イスラム過激派と見られる男に首を切断され殺害されるという痛ましい事件が起きた。

この教師は、表現の自由の大切さを教える授業の中で、フランスの週刊新聞『シャルリー・エブド』が掲載したイスラムの預言者ムハンマドの風刺画を生徒に見せていた。それに対する反発からの犯罪と見られている。同新聞は、五年前にやはり預言者の風刺画を掲載した際に本社が襲撃された事件（後述）の裁判が始まったのに合わせ、今年九月初めに絵を再掲載していたのだ。

まず大前提として、たとえ信仰を冒涜《ぼうとく》するような行為があったとしても、それに対して暴力を行使し、果ては死に至らしめるようなことは絶対に正当化されるものではない。多くの善良なムスリム（イスラム教徒）がこの行為を非難している。フランスでは大統領も出席して、この教師の葬儀が行われ、各地で事件に対する抗議デモが繰り広げられたのは当然だと思う。

二〇〇五年九月、デンマークのある新聞社が預言者ムハンマドの風刺画を掲載した。そもそもイスラムでは偶像の崇拝を禁止しているし、さらに預言者を絵画などで表現することも厳しく禁じられている。この風刺画は、あろうことかムハンマドをテロリストのように描いた。これに世界中のムスリムが反発し、各地で激しい抗議活動が起こった。国によっては駐デンマーク大使を自国に召喚したり、同国大使館が焼き討ちにあったりといった騒ぎになった。

翌年、政治家などに対する鋭い批判や風刺で有名な先述の『シャルリー・エブド』などがその絵を転載し、ますます騒動は大きくなっていった。当時のヨーロッパの首脳たちは概して新聞社に批判的で、表現の自由は大切だが宗教の尊厳は守られるべきであるとの意見であった。

その前後から、ヨーロッパ各地でイスラムの慣習と国の政策のぶつかり合いが見られるようになる。たとえば同年、フランスでは公共の場所におけるスカーフなど宗教的標章の着用が禁止された。そういったことが原因のテロも頻発するようになる。

そして二〇一五年一月、同新聞が再びムハンマドの風刺画を掲載し、これに激しく憤ったイスラム過激派が、この新聞社の本社を襲撃し、編集者ら十二人を殺害するという世界中を震撼させる大事件が起こったのである。

ちなみに日本の大手メディアは、これらの事件を詳しく報じているが、風刺画そのものは一切転載していない。

ヨーロッパのマスコミはなぜ、こういった挑発的とも思える行為に出るのか。フランス国民は十八世紀末のフランス革命により、いわゆる民主主義を手に入れた。それまでの絶対王政から民衆へ主権が移ったのである。直後に出された「人権宣言」では、すべての人間は法のもとに平等である（ただし白人男性だけが対象であったが）という理念が謳われた。

それ以前から、権力者などを風刺する文化があったとはいえ、「表現の自由」は、まさにこうして夥《おびただ》しい血を流した結果、手に入れた至高の価値なのである。これは権力の暴走をチェックする大切なものだ。この新聞社はイスラムの風刺画だけではなく、キリストやローマ教皇もパロディーのネタにしている。

ただ、全く自由なのではなくて、当然ある程度制約された自由である。フランスでも、たとえばユダヤ人といった特定の民族を、その出自で誹謗することは法律で禁じられている。筆者は日本のヘイトスピーチなども、表現の自由の逸脱だと思う。

同時に、フランス革命はカトリックの聖職者の特権をも剥奪し、国家による特定の宗教の保護を否定した。やがてそれは二十世紀初頭に制定される「政教分離法」につながっていき、フランスの国是であるライシテ(世俗性)が確立されてゆく。先に述べた公共の場でのスカーフや大きな十字架のペンダントなどの着用を排除したのも、この流れの中にある。

日本も政教分離の国であるが、日本のそれは戦前、国家が国家神道以外を弾圧した反省から生まれたものであるのに対し、フランスはむしろ、宗教（カトリック）が国家の主権に干渉してきた。

自由に言いたいことを言い、表現したいことを表現できるということは、人間社会にとって極めて重要なことであり、何ぴともこれを侵すことは決して許されない。

宗教であっても、時には言論で批判されることは当然ある。ただ一方で、多くの人たちが礼拝の対象にしたり尊崇の念を抱いたりしているものに対し、表現の自由とはいえ、メディアなどが揶揄したり風刺したりするのは、その影響力が大きいだけに大変敏感な問題をはらむ。今回の一連の出来事が、ヨーロッパ社会のイスラムフォビア（イスラムへの憎悪）を一層増幅させないか危惧される。

戦前、本教は国の方針と違うということで、本来の教理を説くこともままならない不遇の時代を通った。それが自由になって、まだわずか七十余年である。人類の普遍的価値である「表現の自由」や「信教の自由」を大切に守っていかねばならない。

（2020年12月号）

文明の衝突

アフガニスタンが再び混乱している。アメリカ軍が引き揚げて間もなく、イスラム主義組織タリバンが国を制圧した。また以前のような圧政の国に戻るのだろうか。

テレビで欧米人ジャーナリストが、タリバンの指導者の一人にインタビューをしているところが放映された。その中で「西側の文明は私たちの国家には合わない。私たちは私たちの文明で統治していく」といった趣旨のことを答えていたのが、非常に印象的であった。

筆者は、いわゆる西側の普遍的価値観である民主主義、つまり男女平等、言論・表現の自由、法の支配といったことが守られる制度が、現状では至高のものだと思う。日本もそうだ。そして、これは同時に、もともとキリスト教文明圏で始まった制度でもある（キリスト教の教義がそうであるということではない）。しかし、先のインタビューを聞いていて、これらをいわゆるイスラム文明圏にも押し付けることが本当に可能なのだろうかと、ふと考えた。

タリバンが支配して、今後アフガニスタンがどのように変わっていくのだろうか。すでに報道されているところでは、たとえば学校の男女共学、それ自体は維持されても、教室内はカーテンで仕切られて男女は別々の空間で勉強しているようだ。

今から二十五年ほど前、それまでのイデオロギーの対立に替わって、これからは文明の違いからくる対立が起こってくると、サミュエル・ハンチントン博士は予想した。いわゆる「文明の衝突」である。残念ながら、現状では博士の予想はある程度当たっていると言わざるを得ない。

アフガニスタンの話は、大方の日本人にとって、私たちとは全く関係のない遠い世界の話のように聞こえるかもしれない。しかし、私たちの周りでも確実に、ささやかな文明の衝突は起こっている。

日本で暮らすイスラム教徒は少しずつ増えているが、たとえば「学校の給食で豚肉はやめてほしい。私たちのために特別な給食を用意してほしい」という声が、もうどこかであがっているだろう。あるいは「校則は守るが、頭にかぶっているスカーフは信仰の印なので許可してもらいたい」という意見も出てくると思う。実際、すでに日本の大学の中には、イスラム教徒用の学生食堂、礼拝室を設置しているところもある。

そして、日本で暮らすイスラム教徒の数が増えれば増えるほど、そういった声は強まっていく。そのとき、どうするべきか。「ここは日本だ。日本の習慣に従え。嫌なら帰れ」で片づけてしまうのか。極論すれば、これはまさに今、移民問題で大揺れのヨーロッパで、極右政党であるフランスの「国民連合」や「ドイツのための選択肢」が主張していることだ。

さて、おぢばは世界の人びとが帰ってくるところだ。帰参する外国人が増えてくることは誠に喜ばしいが、この種の問題が当然、頻繁に起こってくるだろう。

筆者は日本人として、日本文化を誇らしく思い、日本ほど美しい国はないと自負している。ただ、日本を誇りに思うことと、帰ってきた外国人に日本の習慣を強いることは別だろう。

言語面では、別席はほとんどの言語を網羅している。修養科外国語クラスも、時には複数の言語で組織される。海外からの帰参者を当たり前のように迎え入れる体制は少しずつできつつあると思う。理想を言えばキリはないが。

だからといって、逆におぢばに住んでいる日本人が、では明日からナイフとフォークで食事しよう、ベッドで寝ようというのもおかしい。自分たちのアイデンティティーを消し去ることが外国人と共生するということではないだろう。

少し視点は違うが、以前から海外部には、外国人ようぼくもひのきしんをしている。筆者が海外部次長のころ、本部の某氏から部に電話がかかってきた。受けたのは、外国人ひのきしん者だった。当然、日本語はやや心もとない。某氏は「〇〇君、いるか」と尋ねた。あいにく不在だったので、彼は「〇〇は今いません。残念でした」と答えた。その言い方に、某氏は激怒した。彼は全く悪気なく、もちろん冗談を言ったわけでもなく「あいにく……です」という意味で「残念でした」と言ったつもりだったのだが。

この問題は海外部で協議した。ある人は「いくら外国人でも、ここは日本だから、きちっと話すようにするべきだ」と言う。別の人は「それは違うだろう。そんなことを言い出したら、海外の人は誰もここでひのきしんなどできない。もちろん外国人でも言葉づかいには気をつけるべきだが、ここが世界のおぢばだというのなら、教外の人ならともかく、本部の人間はその程度の過誤は甘受すべきだ」と主張した。筆者は概ね後者に賛同した。

本当に世界の人をおぢばに迎えるというのなら、「ここは日本だ。嫌なら帰れ」は明らかにおかしい。また、怒っていてもなんの解決にもならない。結局、世界布教は人ごとではなく、お道全体で進めていくことであるという認識を皆が持って、外国人も一緒になって、この種の問題の解決を考えていくことが肝要だと思う。

（2021年11月号）

戦争を考える

去る二月二十四日、ロシアがウクライナに侵攻し、多くの無辜の市民が傷つき亡くなり、子供たちは恐れおののいている。この原稿を書いている時点では、まだ停戦はなされていない。読者がこの文章を目にされるころには治まっていることを心から祈りたい。

この機会に戦争について信仰的に考えてみたい。

『おふでさき』に「たゝかい」（戦い）という単語は一度だけ出てくる。その直前の一連のお歌は「せかいぢういちれつわみなきよたいや　たにんとゆうわさらにないぞや」（十三 43）「高山にくらしているもたにそこに　くらしているもをなしたまひい」（十三 45）「それよりもたんくつかうどふぐわな　みな月日よりかしものなるぞ」（十三 46）「それしらすみなにんけんの心でわ　なんどたかびくあるとをもふて」（十三　47）「これさいかたしかにしよちしたならば　むほんのねへわきれてしまうに」（十三　49）とある。

大意は、世界中の人間は皆きょうだいであり他人はいない。社会的立場に高低はあっても魂は平等だ。何よりも、日々使う道具である人間の身体は月日親神が貸しているのだ。それらを知らないから人間は、人と人の間に貴賤の差があると思っている。この真理を確かに承知したなら、謀反つまり戦いの根が切れる、ということだ。

まず大前提として、世界中の人間はきょうだいであると述べ、そして自分のものである魂と借りものである身体を対比されている。なるほど、一れつきょうだいと魂の平等は分かるが、なぜ道具つまり身体が神からの貸しものであることが分かれば、人間に尊卑貴賤の差がないことが理解できて、さらには戦争は起こらなくなるのだろうか。

一般的に戦争の原因には、領土の拡張や資源・エネルギーの争奪などがある。しかし、これらは地上に限りのあるものであり、話し合って解決するよりほかない。

厄介なのは、民族、思想、信条などの違いからくる紛争だろう。ただ、よくよく考えてみれば、「違うこと」がなぜ対立の原因になるのだろうか。私たち個々人のレベルに当てはめれば、地球上に自分と同じ人はいない。顔かたちも考え方も皆、違う。だからといって、常に対立するものではない。むしろ、違うからこそ人生は楽しい。

ところが、人間には能力の差がある。一つは知的能力、今一つは身体的能力だ。そして、違いが対立につながるのは、それらの能力が優れていることが他人より人間的に優れていると思い込むからではないだろうか。しかし、脳も身体も（脳は身体の一部だが）すべて神からの借りものであるという真理を完全に理解すれば、それらに優れている人は、それが本人の努力の結果であろうと生まれつきであろうと、それらを貸し与えてくださっている神のおかげであり、劣っている人を見下すことはおかしいということが理解できる。

同様に、特定の能力に秀でた国民、民族はいるし、彼らはそのことを大いに誇りにすればよい。だからといって他をさげすむ必要はない。この「我が国は○○国（あるいは我が民族は△△民族）より優れており、彼らは劣っている」と思い込むとき、その国家、民族は、劣っているとみなす国家、民族を支配しようとたくらむ。実は、それが戦争の一つの原因にもなっているのではないだろうか。

元ハーバード大学教授のサミュエル・ハンチントンは、イスラムは「自分たちの文化の優位をかたく信じていて」、西欧は「自分たちの文化が普遍的であると確信し（中略）自分たちには優勢な国力があるから、その文化を世界中に広げるのは自分たちの義務だと考えている」とし、それがイスラムと西欧の紛争に火を付けると述べている（※1）。

またマサチューセッツ工科大学名誉教授のジョン・W・ダワーは、かつての欧米諸国による植民地支配を批判し「理性的な西洋人と非理性的な有色人種の群れという想像上の二分法は、多くの白人にとってつねに絶対的真理であった」と述べている（※2）。このように肌の色で差別するのは、一層おかしい。それぞれの環境に合った肌という道具も、神が貸し与えておられるからだ。

あらためて言うが、私たちの道具、すなわち脳も含めた身体は神からの借りものであり、その能力が優れているならば、それを貸してくださっている神に感謝すればいいのであって、他を蔑視するのは間違っている。だから、一れつきょうだい、魂の平等、そしてかしもの・かりものの真理が分かれば、戦争の根は切れると教祖はおっしゃっているのだ。

『おふでさき』は、さらに「月日よりしんぢつをもう高山の　たゝかいさいかをさめたるなら」（十三　50）「このもよふどふしたならばをさまろふ　よふきづとめにでたる事なら」（十三　51）と続く。

親神は真実に高山、つまり為政者たちの戦いを収束させたいと願っておられる。そして、それがかなうのは陽気づとめだと教えられる。ぢばで勤められるかぐらづとめ、そしてその理を戴いて国々所々で勤められるおつとめを真剣に、心そろえて勤めることが、戦争をおさめる道であることを、私たちは、今こそ肝に銘じたい。

（2022年5月号）

※1『文明の衝突』（サミュエル・ハンチントン著　集英社）
※2『戦争の文化（下）』（ジョン・W・ダワー著　岩波書店）

ウクライナから〝お帰りなさい〟

二月末に始まったロシアのウクライナ侵攻により、戦火を免れるために四百万人以上がウクライナから出国している。特に隣国のポーランドには三百万人近い人びとが押し寄せている。そして日本には六百人以上が避難してきている（いずれも本稿執筆時点）。

そんな中で、『天理時報』等で既報の通り、天理大学卒業生でもあるウクライナ人、オクサーナ・コベリャンスカさんと二人の子供たちが紛争を逃れ天理に〝帰ってきた〟。

オクサーナさんは一九九五年から四年間、天理大学に留学し日本語を習った。卒業後、在ウクライナ日本大使館などに勤めた後、二〇一一年からキーウ大学で日本語教員として働いていた。

天理大学が二〇〇三年からキーウ大学と交流協定を結んでいる関係で、キーウ大学から今日までに多くの学生が夏期研修などで天理に来たが、彼女自身も引率教員として十六、十七年にも帰ってきている。

今回、戦闘が激しくなり、オクサーナさん家族はまずルーマニアに避難した。懸命の思いで電車に飛び乗り、最後は徒歩で国境を越えたという。さらに友人のいるデンマークの首都・コペンハーゲンに向かった。そして、天理大学の恩師と連絡を取り合い、自身「第二の故郷」と言ってはばからない天理で避難生活をしたいと強く望み、四月十三日に家族で帰ってきた。天理に着くと、まず神殿に向かった。記者会見で彼女は「一番安全な気持ちになるのは、やっぱり天理」と述べた。

今回の受け入れに当たって天理大学では、包括連携協定を結んでいる天理市と密に連絡を取り合った。人だすけであってもルールにはのっとらなくてはいけない。大学はあくまでも教育機関であり、避難民を受け入れるという概念はない。住居、法的地位の問題などもある。やはり、それは居住することになる地方自治体、つまり天理市の仕事だろう。相談した結果、住居や生活環境を整えるのは市が受け持つこととなった。入居した市営住宅には、多くの企業から家電製品や家具などの無償提供があった。中には、無料でマッサージをするという楽しい申し出もあった。

一方、大学は側面支援となる。オクサーナさんの就労、子供たちの日本語教育については大学が担うことになった。彼女には、近いうちに大学の職員として働いてもらう段取りを進めている。いずれ留学生への日本語教育、あるいは外交官養成セミナー受講生に対して講義をするといったことも考えている。そして、市と大学双方で、家族の生活支援のための募金活動をすることとなった。

日本語を全く話せない子供たちは、正規の留学生に交じって、すでに天理大学の日本語授業を受講している。幸い同じ年齢層である。一日も早くキャンパスに解け込んでもらいたい。

天理大学は「陽気ぐらし世界建設に寄与する人材の養成」を建学の精神に掲げ、それにのっとって「宗教性」「国際性」「貢献性」の三つを教育の柱に据えている。筆者は、オクサーナさん家族を受け入れ援助をするということは、まさにこの建学の精神、教育の柱に合致すると考えた。そのために、教職員だけではなく何らかの形で学生たちにも、これに参画させたいと思ったのである。そこで全学生で組織する学生自治会に支援活動を促したところ、彼らも大いに賛同してくれて駅前で募金活動を行い、またある学生は、二人の子供の授業などの手助けをするチューターにも名乗りを上げてくれた。

大学教育の最も重要な点は人間力の育成だろう。そしてそれは、ただ教室の中で机の上のみでなされるものではない。死さえ覚悟するような恐怖から逃れてきた人を救けることは、彼ら学生にとって、おそらく生涯消え去ることのない大きな徳積みになると思う。その徳がやがて、彼らの人生の糧となる。

私たちは世界たすけとよく言う。言うことは実に容易いが、実行に移すことは誠に難しい。今回の戦争でも、ほとんどの人が何かしたいと願ってはいても、具体的に何をすればよいか分からない。もちろん、究極のおたすけは、つとめによる陽気ぐらしの実現だと思う。しかし、『稿本天理教教祖伝逸話篇』の中にも、母親に代わって乳飲み子に乳を与えるといったおたすけの例はたくさん出ている。教祖は、それを喜ばれた。

偉そうなことを言うつもりはさらさらないが、筆者は人たすけとは、まず一歩「エイヤッ」と踏み出すことから始まると思う。ただそれでも、できることは自分や自分の組織の器から溢れ出てしまわない程度のことだけで、現実にできないことはできない。理想は掲げていても、自らの生活を犠牲にすることはとても難しい。しかし、それでも人を救けた真実は、救けられた方に確実に伝わる。

今一つ大切なことは、持続可能であるということだろう。今回、募金活動で得た真実のお金は、オクサーナさん家族の生活費に充当されるが、それとても、いつまでも続けられるわけではない。仮に続けても、本人たちはむしろ困惑するだろう。そういう意味で、大学の職員として雇用することで、自ら、自分たちの生活費を得てもらうように取り計らうことも大きなおたすけだと思う。

（2022年6月号）

米最高裁の決定を考える

今回は、非常に大切だが重苦しい話題になる。去る六月二十四日、アメリカの最高裁は「憲法は人工妊娠中絶の権利を付与していない」とし、中絶の規制は州の判断に委ねられるとした。つまり、必ずしも最高裁が中絶を禁止したわけではないが、州政府がそれを禁止する法律を制定しても憲法違反ではないということだ。

それに対して、リベラル派のジョー・バイデン大統領は七月八日、「最高裁が自由と個人の自律性を奪ってはならない」と、人工妊娠中絶の権利を擁護するための大統領令に署名した。しかし、その影響力は必ずしも大きくなく、今後、保守派の勢力が強いテキサス州など南部の州は、人工妊娠中絶を禁止する法律を施行すると見られている。アメリカでは、この最高裁の決定に抗議するデモが各地で行われている。

人工妊娠中絶に賛成する人たちは、女性本人の選択に委ねられるべきだと主張し、反対派は主にカトリックなどの教えに基づき、胎児を堕ろすことは殺人と見なされると考える。そもそもテキサス州などでは、今も旧約聖書の創世記をそのまま信じ、ダーウィンの進化論を信じない人が多くいる。進化論を教科書に載せるべきではないという主張も強い。それほどキリスト教保守派の強い土地柄なのだ。ちなみに同じキリスト教国であるヨーロッパ諸国の多くは中絶を認めている。日本も条件付きで認めている。

一口に人工妊娠中絶と言っても、その理由はさまざまだろう。

1　夫婦にすでに子供が多くおり、これ以上は経済的に育てられない。
2　不倫などみだらな異性関係から心ならずも子供ができてしまった。
3　できれば産みたいのだが、カップルに何らかの事情（たとえば二人がまだ中学生である）があって産めない。
4　産みたいが胎児に何らかの異常が見つかった。
5　戦争や犯罪に巻き込まれてレイプされ妊娠した。

などが挙げられる。筆者は、それらすべてに対して中絶は絶対にいけないかと問われたら、明確に答える自信はない。

まず1の場合は、やはり堕ろさずに神様から与えられた命をしっかり守り育てるべきではないだろうか。『稿本天理教教祖伝逸話篇』（一三「種を蒔くのやで」）に、前田藤助、タツという夫婦が、子供がすでに多くいるところにさらに身ごもり、子供を堕ろすご利益のある神様を訪ねるつもりが、なぜかお屋敷に引き寄せられたという話が載っている。この夫婦に対して、教祖は「子供はおろしてはならんで」と諭しておられる。宿し込まれるのも生まれ出るのも神の守護であるから、夫婦の事情だけで子供を堕ろすことを戒めておられるのだと思う。

では、5のようなケースはどうなのだろうか。カトリックは、たとえレイプされた結果できた子供であっても、その子供に罪はないとして産むべきという立場である。しかし、母になる人は本当に愛情を持ってその子を育てられるだろうか。さらに、その子供が大きくなり真実を知ったとき、幸せだろうか。それらを考えると、堕ろすこともやむを得ないといえるかもしれない。

また4の場合も、簡単に産みなさいと言えるだろうか。これは出生前診断という技術が開発されなければ分からなかった。

道の教えでは、医療技術も修理肥として、人間が陽気ぐらしに向かうための一つの手だてと教えられる。出生前診断もまた修理肥の一つであり、それを全面的に否定するのはどうかと思う。非常に難しい問題だが、これに対して筆者が言えることはただ一つ。筆者の長男はダウン症という先天的な知的障害があるが、今も生まれてきてくれて本当に良かったと、筆者も妻もきょうだいたちも思っているということだけだ。しかしそれは、だから他の人もそうあるべきという意味ではない。

人工妊娠中絶という問題を深く掘り下げていくと、そこには法律では容易に裁くことのできない人間の営みがあることに気づく。法律というのは、いわば目の粗い網のようなものだろう。網目からこぼれ落ちてしまう無数の事情があり、そしてそこには本人さえも制御できない感情の複雑な交錯がある。それらを、細かく丁寧に、しかも人間的な温みを持って聞き、本人と一緒に考え悩んでいくのが信仰者の務めなのだろう。人間社会を円滑に進めていくためにやむを得ないとはいえ、こういった問題に法律という形で一律に線を引きそれですべて判断するのは、あまりに乱暴だと思う。

お言葉に「さあ〳〵月日がありてこの世界あり、世界ありてそれ〳〵あり、それ〳〵ありて身の内あり、身の内ありて律あり、律ありても心定めが第一やで」（明治20・1・13）とある。最後の部分「律ありても心定めが第一やで」は、さまざまに解釈が可能だと思う。筆者は、法律のような冷徹なものでは決して解決できない問題はたくさんあり、そのときこそ神に対して心を定めて、言い換えれば信仰を基盤にして、少しでも心安らぐ道を模索することも教えてくださっているように思う。

（2022年9月号）

第２章

複雑化する社会の中で

言葉を磨く

このところ政治家の言葉が荒くないだろうか。米朝関係が緊迫感を増しているが、その一因は双方の首脳同士の、激しく、そして品位に欠ける言葉の応酬にもあると思う。

ドナルド・トランプ米大統領は、北朝鮮の金正恩委員長を「小さなロケットマン」とからかい、さらには「狂人にロケットを撃たせるな」などと挑発している。一方、北朝鮮側は「史上最高の超強硬対応措置の断行を……」などと反応している。

国連のアントニオ・グテレス事務総長は「言葉が過ぎると、誤解のリスクが高まる」とコメントを発表し、双方に自戒を求めた。心配なのは、激しい言葉のやりとりが、いたずらに感情を刺激し、軍事衝突などの不測の事態に陥らないかということだ。北朝鮮の振る舞いにいら立つ気持ちは分からなくもないが、言葉で相手を威嚇しても、なんにもならないだろう。

フィリピンのロドリゴ・ドゥテルテ大統領も、演説の中で「バカ」「うすのろ」といった言葉をよく使う。お世辞にも品が良いとは言えない。

日本の政治家も最近、乱暴な言葉が多くないだろうか。小泉純一郎元首相は「自民党をぶっこわす」と言って拍手喝采を浴び、総裁選に大勝した。あのころからワンフレーズ・ポリティクス、つまり短い言葉で政策を表現することが好まれてきた。さらに、昨今はやりのインターネットのツイッターは、短い文章で分かりやすいことが求められる。そういったことの影響もあるのかもしれない。だが、乱暴な言葉を使わなくても、端的に人びとに訴えかけることは可能なはずである。

ある女性元議員は、自分の秘書に対して身体的な攻撃をし、醜い言葉で怒鳴りつけた。彼女の場合は、公の場所ではなく密室でのことであるから、先に述べたケースと同等には扱えないが、それでもあまりに言葉が過ぎる。さらに、秘書を尊重する気持ちも、ほとんどうかがえない。

暴言が原因で権力や地位を失った人もたくさんいる。一九五三年二月、時の総理大臣・吉田茂は国会で「バカヤロー」と言ったことが原因で懲罰委員会にかけられ、その後、衆議院は解散。総選挙では大敗し、やがて吉田は退陣する。世に言う「バカヤロー解散」である。吉田は相手に対してつぶやいた程度で、しかもすぐに取り消し陳謝したが、まさに「綸言汗のごとし」、いったん出した言葉はもう消せない。

世界で最も言葉づかいに慎重だと思われるローマ教皇でも、失言で失敗することはある。

前教皇ベネディクト十六世は二〇〇六年十一月、ドイツで行った演説で、過去の皇帝の言葉を引用する形で「ムハンマドが新たにもたらしたものを示せ。それは邪悪と残酷なものしかない」と述べた。これに世界中のイスラム教徒が抗議する騒動となった。

筆者自身、つい出してしまった激しい言葉で、掛け替えのない人間関係にキズをつけてしまったこともある。後悔したが、どうしようもない。

筆者は、子供のころから政治に興味があり、よく新聞やテレビで国会の様子などを見聞きしてきたが、野党の追及に丁寧な言葉で返す大臣などを見て、事実はともかく人格の高潔さや知性を感じた。意見の異なる人たちと討論するとき、穏やかで論理的な言葉で相手に話すには忍耐が必要になる。感情がその忍耐の器を超えたとき、溢れ出た分は激しい言葉となる。そのとき論理は大抵、破綻する。結局、柔らかな物言いが相手を納得させ、同時にその人の度量の大きさを示すことになる。

誰でも、ついうっかり乱暴な言葉を吐いたり、相手をおとしめるような言い方をしてしまったりすることはある。大事なのは、普段から努めて言葉を大切にし、汚く荒い言葉づかいを自重することだろう。言葉を磨く努力とでも言おうか。それができる人は、失言も少ないのではないだろうか。

明治七年、教祖は初めて身上たすけのためのさづけを四人の者に渡され、同時に、ようぼくの心構えともいうべきものを数え歌にして教えられた。「五ッいつものはなしかた、六ッむごいことばをださぬよふ」（『稿本天理教教祖伝』第六章「ぢば定め」）とある。ようぼくは日ごろの話し方がとりわけ大切であり、決して激しい言葉は出してはいけないということだろう。

また、教祖は「言葉一つが肝心。吐く息引く息一つの加減で内々治まる」（『稿本天理教教祖伝逸話篇』一三七「言葉一つ」）とも教えられている。

確かに、部下などを指導する際に厳しい言葉を投げかけねばならないときも、現実にはあるだろう。しかし、優しく褒めて指導するやり方もある。

連合艦隊司令長官・山本五十六の作った歌に「やってみせ　言って聞かせて　させてみて　誉めてやらねば　人は動かじ」とある。組織のトップとして名高い山本でも、部下を導く際は努めて丁寧な言葉づかいに終始したのだろう。

教祖は、子供にも丁寧にお話しになったという。『おさしづ』に、「第一々々やしきには優しい言葉第一。（中略）年取れたる又若き者も言葉第一」（明治34・6・14）とある。さづけの取り次ぎと磨かれた言葉、これは世界たすけにおける車の両輪だろう。

（２０１７年12月号）

「いちれつすまして」

陽気ぐらしを妨げるものの一つに、差別感情がある。人間社会の中で、およそこれほど嫌なものはない。しかし、残念ながら、差別はなかなか無くならない。

二〇一七年八月、アメリカ・バージニア州で白人至上主義団体と反対派が衝突した。そのことについて、トランプ大統領が必ずしも白人至上主義を否定しなかったことから、騒ぎは大きくなった。大統領の姿勢に抗議を示す意味で、アメリカのプロフットボールリーグ（NFL）の選手らが試合前の国歌斉唱の際、起立をせずひざまずいた。

歴史の初めから、北海道、沖縄などを除いてほぼ現在の形で国が形成され、異民族の支配も経験していない日本人には分かりにくいのだが、アメリカのような、いわば人工的な国家や、異民族、隣国との争いが絶えなかったヨーロッパ諸国は、国民を統合する象徴としての国歌や国旗をことのほか大切にする。

以前、ヨーロッパのある国で行われたサッカーの国際親善試合で、国歌斉唱時に相手側がブーイングしたのに立腹し、試合も見ずに退席した大統領もいた。

アメリカのニューヨーク五番街などには、普段から星条旗が掲げられているし、国歌斉唱時にアメリカ人は通常起立し、胸に手を当てて敬意を示す。それだけに、今回のＮＦＬ選手たちの抗議の意思の強さが分かる。

同じころ、イタリアのベローナで開催された歌唱コンテストに、アフリカ系イタリア人の少女が参加を拒否され、騒ぎとなった。主催者は「黒人を差別する意図はない」と釈明したが、メディアは一斉に批判した。

一方、やはりアメリカの大リーグで、キューバ出身の選手が、日本人選手に対して差別的な行為をし、来季の開幕から五試合出場停止という処分を受けた。

筆者自身は、長年住んだフランスで差別を受けたという、はっきりした認識はない。しかし、フランスで育った娘たちにこの話題について尋ねたとき、彼女らは差別された経験を話してくれた。学校への通学時などに、不快な思いをさせられたようだ。

筆者が渡仏したのは一九八四年。そのころフランスで、ある日本人がアパートを借りようとして、大家に「申し訳ないが、有色人種はお断りだ」と言われたことがあった。もちろん、公にそれを言えば違法になるから、密かに告げられたそうだ。「自由・平等・友愛」を掲げ、移民に比較的寛容なフランスでも、このようなことがあるのだ。

アメリカに暮らしているある日本人が、こんなことを話してくれた。かなり以前のことだが、日本から来た友人とレストランに入ったとき、ウエイターがいっこうに注文を聞きに来ない。明らかに後から入ってきた白人には、愛想よく注文を取りに行くのだが。それで彼らは、何も言わずにそのレストランを出たという。

これらはあくまでも特異な例で、白人が皆、有色人種を差別するわけでは決してない。言うまでもなく、ある特定の肌の色の人種が優れているなどという考え方ほど、非論理的で非科学的な考え方はない。ただ、なにも人種差別だけではない。世の中にはさまざまな差別が、今なお多く存在する。もちろん日本社会にもある。筆者も、時には自らに問わねばならない。「おまえの心の中に本当に差別感情はないのか」と。

教祖が教えてくださったおつとめの第三節「いちれつすまして」の「すまして」の部分は、両手を水平に左右に広げる動作をする。これは、差別のない社会を表しておられるのではないか。「いちれつすまして」、すなわち、世界中の心が澄んだら差別のないろっくの地、平らかな世界になるのだと教えてくださっているように思う。

『おふでさき』には「高山にくらしているもたにそこに　くらしているもをなしたまひい」（十三　45）「それよりもたん〳〵つかうどふぐわな　みな月日よりかしものなるぞ」（十三

46)「それしらすみなにんけんの心でわ　なんどたかびくあるとをもふて」(十三　47) と教えられる。
その大意は、人間社会には高い立場の人もそうでない人もいるが、魂に貴賤の別はない。何より日ごろ使っているこの道具、つまり人体はみな、月日（神）より貸しているのだ。それを知らずに人間は、何か貴賤尊卑の差があるように思っている、ということだろう。

人体は神からの借り物である。つまり、それぞれ生きている地域によって肌の色は違うが、さまざまな色の肌そのものも神からの借り物である。であるならば、そこには、わざわざ肌の色を変えられた神の思惑があるのだと思う。

地球には暑い所と寒い所がある。だからこそ、季節が生まれ、数えきれないくらい多様な生物がいて、美しく彩り豊かな世界が存在する。その自然の恵みのおかげで、人間は社会生活を営むことができる。そして、アフリカのような暑い所に住んでいる人たちにとって、黒い肌は紫外線から体を守るために必要なのだという。昨今、オゾン層の破壊により紫外線量が増え、白人の間に皮膚がんが増えているともいわれる。目の色が違うのも、それなりの理由がある。

神は、それぞれの場所にふさわしい道具を貸し与えてくださっている。


（2018年1月号）

人生百年時代

人生百年の時代が到来した。人口学者らによれば、アメリカ、カナダなどで二〇〇七年に生まれた子供（現在、十歳か十一歳）のうち、五十パーセントは百四歳まで生きる計算になるという。日本人に至っては百七歳までとなる。仮に六十五歳で定年退職しても、まだ四十年近く人生が続くのだ。この期間を有効に使わない手はない。

日本政府は「人生百年時代構想会議」を組織し、検討を始めた。その会議のメンバーの一人で、ロンドン・ビジネススクールのリンダ・グラットン教授は、その著書『ＬＩＦＥ　ＳＨＩＦＴ　100年時代の人生戦略』（東洋経済）の中で、人間の生き方を根本的に変えるべきだと主張する。エイジ（年齢）とステージ（人生の段階）が一致する時代が終わりを告げるという。つまり、年齢に関係なく学校に行き、好きな学問を再履修したり、新たな職業に就いたりすることも考えるべきということだ。言い換えれば、いわゆる老後は単にリクリエーション（娯楽）に使うのではなく、リ・クリエーション、つまり自らを再創造することに努めようと呼びかけている。

二〇一四年、日本人の四人に一人が六十五歳以上となり、現在、百歳以上の人が七万人近くいる。これは悲観的なことだろうか。

国際ジャーナリストのビル・エモット氏は、日本やドイツなどは、いわゆる生産年齢の減少が著しくなっているが、生産年齢自体を見直すべきだと言う。事実、日本の労働力人口はかなり安定しており、それは六十五歳を超えても働いている人が多いからだという。OECD（経済協力開発機構）によると、六十六歳以上の就業率は、最低のフランスが約三パーセントなのに対し、日本で二十パーセント、韓国に至っては三十パーセントを超えている。これは、西洋人と東洋人の労働に対する考え方の違いから来るのかもしれない。

そういえば、筆者が長年暮らしたフランスでは、定年退職の日をカレンダーで丸く囲み、今か今かと待っている人がたくさんいたのに比べて、日本では定年後も嘱託やアルバイトといった形で働き続けている人が多い。その理由は、経済的なことよりも、働きたいという意思からである場合が多い。

余談のようだが、フランスでは、いまだに日本の小津安二郎の映画が好きだという映画マニアが多い。小津のある作品の中で、定年の日を迎えた主人公が、それを落胆して妻とため息をつく場面があるが、あれを見たフランス人は、定年を悲観することは理解できないのではないか。

グラットン教授は同書の中で、確かに子供の数は減っているが、祖父母、曾祖父母が健在であれば四世代家族となり（必ずしも同居という意味ではない）、それは、高齢者が若者の思考を刺激して助言者役を務め、若者が高齢者を支える機会をつくり出すという。家族が多世代で構成されるようになれば、異なる世代が理解を深め合う素晴らしい機会が生まれるとも述べている。

筆者は、少子化よりも、かつての日本のように、どこでも子供の声が響き渡る世の中がいいと思うが、グラットン教授が言うように、子供は少なくても、若者と高齢者が相互に支え合う社会をつくることは、きっと可能なのだと思う。

同教授は、近代の西洋社会では子供と高齢者がはっきりと隔離されており、その弊害があるとも言う。それは、高齢者に対する敬意が失われるからである。

もし、世代を超えた人間関係が築かれれば、年齢に関する固定観念や偏見も弱まる。そして、世代間のふれ合いを長期的・安定的に続けることで、多世代が同居するケースも増えるだろうし、異なる世代が関心を共有し、支え合うようになると主張する。だから、高齢化社会は必ずしも悪いことばかりではなく、むしろ〝人間に優しい社会〟を生み出すチャンスなのかもしれない。

そういえば、おぢばには世にも珍しい、素晴らしい学校がある。修養科だ。十八歳のうら若い乙女と、八十を超えたおばあちゃんが机を並べる。教理をともに学び、ともにひのきしんに励む。そこでは、高齢者は若者に手を引いてもらい、若者は高齢者から人生をも学ぶことができる。

さらに、現在でも教会生活は、多世代が同居しているケースが少なくない。筆者も修理巡教で回らせていただいた折、幾度もそういう教会と出合った。そこには冷めた雰囲気はなく、むしろ殺伐とした現代社会をしばし忘れるような、柔らかで温かい空気が流れていた。とりわけ子供たちが生き生きとしていた。

筆者は、現在六十一歳だから、百歳まで残り四十年の人生がある。正直言って、持て余しそうにもなる。しかし、グラットン教授の主張を聞くと、今いただいている御用が終わっても、何か新しいことに挑戦してみたい気になる。考えるだけで楽しい。

教祖が十二下りのお手振りを教えられ、『おふでさき』の執筆を始められたとき、すでに七十歳を超えておられた。当時の平均寿命を五十歳と仮定し、そのころの七十歳を現代の年齢に換算すれば、優に百歳を超える。

無論、これは乱暴な比較だが、いずれにしろ、百十五歳定命と教えていただくのだから、七十歳、八十歳で老け込むのはまだまだ早いだろう。筆者の父は九十歳の今もなお、教服を着て元気に本部の朝づとめに出させていただいている。道の信仰に定年はない。

（２０１８年２月号）

ほこりを積ませない環境

今開かれている国会で、政府は、統合型リゾート（ＩＲ）実施法の成立を目指している。簡単に言えば、日本でもカジノの営業ができるようにしようというものだ。

結論から述べれば、筆者は反対である。日本にカジノをつくるべきではないと思う。

昨今、フランスを中心とするヨーロッパでは、日本の文化が大いに好まれている。古くは柔道に始まり、日本映画、文学、盆栽、寿司、カラオケなど数え挙げればキリがない。

最近では、漫画の人気がすさまじい。書店に行けば、「ｍａｎｇａ」と書かれたコーナーがあり、そこには翻訳された日本のマンガだけが置かれている。つまり、漫画の中でも日本の漫画だけは、日本式に「マンガ」と発音され、一つのジャンルになっているのだ。本教が運営しているパリの日本語学校にも、「マンガを原書（つまり日本語）で読みたいから」と言って日本語を学びに来るフランス人がいるほどである。もちろん、日本文化はヨーロッパだけでなく世界へ広まっている。

そんな中で、日本で人気があっても世界に全く広まらないものがある。それはパチンコだ。なぜかパチンコは、外国へ進出しない。韓国や台湾では禁止されているとも聞く。パチンコは、ほぼ日本にしかない〝娯楽〟である。

パチンコが韓国などで禁止されている理由はおそらく、あまりにも簡単に入店できて、しかも射幸心をあおるがゆえに危険視されているからだろう。

ヨーロッパの国々でカジノを認めているところはたくさんある。しかし、規制等で定められた場所に限られている場合が多い。筆者は長年パリで暮らした。パリにもカジノがあるらしいが、どこにあるのか知らない。少なくとも街中にはない。

一方、日本のパチンコ店は街中にあり、誰でも簡単に入ることができる。パチンコで換金できないというのは建前でしかない。ギャンブルをする場所が、一般市民の生活の場にこれほど近接している国はないのではないか。十八歳未満は入れないが、入り口で厳重な検査があるわけでもない。

これほどギャンブルへの敷居が低い国で、さらにカジノをつくる必要があるのか。

政府は、日本人の入場に規制を加える方向で検討しているようだが、後述するように新聞各紙も懸念を表明している。ギャンブル依存症者への配慮が、とても万全とは言い難いからだ。そもそもカジノなどつくらなければ、そんな配慮も無用である。

国は、カジノを日本観光の目玉の一つにしたいようだが、カジノがなくても昨年すでに二千八百万人超の観光客が訪日し、今年はさらに上回ると予想されている。

観光大国といえば、フランスやスペインなどが思い浮かぶ。一昨年、フランスには約八千二百万人、スペインには約七千五百万人が訪れた（国連世界観光機関調査）が、そのうち何人が各国のカジノを目当てに来ているだろうか。全くないとは言いきれないが、そのほとんどは長い歴史や伝統に裏打ちされた美しい建造物や芸術品を鑑賞したり、また買い物目的で訪れたりしているに違いない。そうした理由で、これほど多くの観光客が訪れるのである。

日本にも、これらの国に勝るとも劣らない素晴らしい文化的・歴史的遺産がある。外国人が買いたくなるような洗練された品物もたくさんある。なにもカジノをつくらなくても、そういうもので大いに外国人観光客を誘致できるのではないか。

何よりも外国人が一様に驚くのは、日本人の親切心と治安の良さである。ゆえにリピーターが多いという説もある。確かに、スペインやイタリアで旅行中に盗難に遭い、二度と行かないという人もいる。

カジノができれば、その治安が乱れるのではないかと危惧される。せっかく外国から高く評価されている治安の良さが、カジノが原因で低下してしまい、観光客が減ってしまっては元も子もない。

一つの法案の審議が始まると、新聞各紙は社説などで論陣を張る。賛成派と反対派に二分されることも珍しくない。しかし、このカジノ法案については、読売新聞が「成長戦略として健全なのか」（2月27日社説）、朝日が「カジノ法案　依存症対策が先決だ」（2月28日同）、産経が「『カジノ』の規制依存症対策と胸張れるか」（3月5日同）と、いずれも慎重、あるいは消極的である。

お道の言葉に〝里の仙人〟というものがある。世俗的なものが一切ない山中にこもって仙人になるのではなく、ごく普通に家庭を持ち、誘惑もたくさんある俗世間で暮らしながら、なお心を澄まして神一条の精神を貫くということだろう。

人びとの心を澄ます意味でも、ほこりの一つである「よく」の心をさらに誘発するようなものを、わざわざつくる必要はない。アルコール依存症者をたすけるうえで、酒類を近くに置かないのは当然で、誘惑の機会を減らすことからまず対処するのだ。同様に、ギャンブル依存症に苦しむ人たちが、生活圏の近くでカジノを見たらどうなるだろう。人びとに心のほこりを積ませない配慮として、それなりの環境づくりも必要だと思う。

（2018年5月号）

僧衣での運転を考える

今、お坊さんの世界で、ちょっとした騒ぎが起きている。昨年九月、福井県内の男性僧侶が僧衣を着用して運転していたところ、それが原因で、交通取り締まりをしていた警察官に捕まったのである。この僧侶は反則切符を切られた。彼は檀家の法事に行く途中であったようで、これまでも僧衣のまま運転していたこともあり、反則金の支払いを拒否。宗派も、この僧侶を後押しし、警察の処置を問題視した。彼は「僧侶に僧衣を着て運転してはいけないとは、サラリーマンにスーツを脱いで運転しろと言うのと同じだ」と反発した。

確かに普段、お坊さんが僧衣で車を運転したり、バイクに乗ったりしている姿をよく見かける。これを止められることは、僧侶にとって大問題だろう。人によっては「信教の自由を侵害している」とまで主張している。

運転時の服装に関する規定は、四十七都道府県のうち十五県が定めている。多くは「運転の妨げとなる服装を禁じる」などとなっており、中には「和服など」と記されている例もある。僧衣はこれに該当するということだろう。人によっては運転時、袖が邪魔にならないように、たすき掛けをしている人もあるらしい。

事態を重く見たお坊さんたちの中には、僧衣姿でジャグリング（※）などをする様子をビデオで撮り、動画サイトなどに投稿する人も出てきた。僧衣姿でも活発に動けることを示して、運転に何ら支障がないことをアピールしたのだ。このことは海外のメディアにも取り上げられた。何もそこまでしなくても、と思うのだが、それだけ当事者には危機感が強いということだろう。

結局、福井県警は、証拠不十分ということで当の僧侶を不起訴としたが、基準が明確ではないと僧侶側は不満を表している。さらに、この問題は国会にも飛び火して、政府は、僧衣での運転が道路交通法違反になるかどうかは個別に判断すべきと、いわば問題を回避した。

これは、私たち道の信仰者にとって人ごとではない。筆者も本部の祭典時には、自宅から本部までおつとめ衣のまま運転して行っているし、読者の中にも、同様の経験をした人もいるのではないだろうか。幸いと言うべきか、筆者の住んでいる奈良県には運転時の服装に関する規定はないようだが、これらを止められ反則切符を切られたら、やはり困る。

意外に思われるかもしれないが、フランスは政教分離を国是としている。そのフランスで十数年前、大きな問題が起こった。発端は、イスラム教徒の女子高生が、スカーフをかぶったまま自分の通っている公立高校に入ろうとしたこと。周知のように、イスラム教徒の女性は通常、ブルカ、チャドルなどと呼ばれる、全身を覆う服装をする。フランスにいるイスラム教徒の多くは、頭を隠すフラールと呼ばれるスカーフのようなものだけを着用する。

そのとき校門で、そのスカーフを外せと命じた教師と、自分の信仰ゆえ外せないと拒否した女子高生との間で、いさかいが起きたのである。

これがやがて、信教の自由か政教分離かと、国を挙げての大論争となった。時の大統領は諮問委員会を設置し、この問題を検討させた。結果、公立の学校や郵便局、市役所など公の場で、学生や、そこに働いている教員、職員などが、イスラムのスカーフを着用することは禁止となった。同時に、そういった場で大きな十字架のペンダントを着けることや、大きな聖書を持ち込むこと、ユダヤ教徒がキッパ（頭に着けるお皿のような形をした帽子）などを着用するのも禁止となった。

この二つの例では、その意味合いはずいぶん違う。前者は、交通の安全を守るうえから警察がとった処置であり、後者は政教分離の観点から、特定の宗教を公の場に持ち込むことを禁じたものだ。しかし、宗教の習わしと法規がぶつかったという意味では同じである。こういう場合、どうすればいいのだろう。

今回の事例で言えば、僧侶の僧衣、本教においてはおつとめ衣、教服などの形を変更して、もっと機能的なものにすればいいと言う人はいるだろう。しかし、うーん、ちょっと待ってほしい。そこには逡巡《しゅんじゅん》がある。なぜなら、長年の間に服装は、それぞれの宗教のアイデンティティーにもなっているからだ。

筆者は、法律に逆らってもいいとは、みじんも思わない。しかし法律や規定というものは、時代によってどんどん変わる。一方で、宗教的な慣習は、事の軽重にもよるが、たとえ教理とは直接関係がないことでも、そう簡単に変えられるものではない。したがって法律に合わせて信仰上の衣服なども、どんどん変えようというわけにはいかない。ちなみに、カトリックの修道士らは、古代ローマ時代とほとんど変わらない、トゥニカと呼ばれる服を今も着用している。

法律だからと、何でもかでも唯々諾々として受け入れるのではなく、やはり主張すべきところは主張して理解してもらい、できれば双方が納得する解決策を見いだせればと思う。

（2019年5月号）

※多くのこん棒や玉、輪などを巧みに投げたり取ったりする曲芸

元号、西暦、そして立教年

元号が変わり、平成から令和になった。元号という制度は、もともと中国で始まったらしいが、今は世界で日本にしかない。これは日本の一つの文化であり、筆者はこれからも残していくべきだと思う。

子供たちがフランスで生まれ育ったので西暦が普通になり、日本で子供の生年月日などを記入する際、筆者は今でも昭和〇〇年などとすぐには書けずに考え込んでしまう。そういう意味では、確かに面倒なこともあるが、そもそも伝統とか文化、そしてその継承というものは、決して合理的ではなく面倒くさいものである。それでいいのだ。

日本人は、国内の事象に関して、たとえば「昭和十一年に〇〇が起こり……」などと言うと、昭和初期の世相が脳裏に映り、「間もなく日中戦争が始まる大変なときに……」などと、その事柄に幅を持たせて線で捉えることができる。

一方、西暦の場合、同じ年である「一九三六年に〇〇が起こり……」と言われても、点で捉えてしまい、前後のつながりを欠いて考えてしまうのではないか。さらに言えば、機械的に一つずつ数字が増えていくだけの西暦に比べて、「応仁の乱」「明治維新」「大正デモクラシー」などと、そのときの出来事に元号を冠することで、まるで小説の各章の見出しのように、無味乾燥な歴史が生き生きとしてくる。

一方で、元号で記すことによって、水平的視点で物事を捉えるということが疎かになる傾向はあるだろう。たとえば元治元年というと、私たちは、つとめ場所の普請とピンとくるが、その前年にロンドンで地下鉄が走りだしたということはあまり知らない。明治十六年といえば三島村での雨乞づとめが思い浮かぶが、その年にアントニオ・ガウディの設計でサグラダ・ファミリア教会の工事が着工したとか、明治二十年、教祖が現身をかくされたときにはすでにエッフェル塔の建築工事が始まっており、そのエッフェル塔にはエレベーターが設置されていたとか、そういうこともほとんど考えない。

これからの時代、常に世界的な視野が求められる。時には道の事柄も西暦年で数えて、その時々の外の動きも並行的に捉えた方がいいだろう。

元号、西暦に加えて、私たちは時折、立教年を使用する。本誌『みちのとも』や『天理時報』の発行年も立教年を採用している。西暦はイエス・キリストの生誕を一年として（実際にはその四年ほど前に生まれたというのが定説になっているが）勘定しているから、お道では使わない方がいいといった意見もあるが、筆者はそういうことにこだわらず、西暦も使ったらいいと思っている。

まず、筆者は、あまりにも立教年を多用することは教団全体の内向き志向というか閉鎖性が増してくると思う。

また立教年は、残念ながら卒業証書などの公式文書には使えない。さらに立教年を使った場合、では立教以前をどう言うのかという問題もある。

第一、立教年自体も変則的で、キリスト教が制定した暦と組み合わせて使われている。つまり純然たる立教年ならば、十月二十六日をもって新年とすべきだろう。事実、筆者のよく知っている海外のある教友は、そう思っていた。

しかし、そうはせずに、今のカレンダー、つまりローマ教皇グレゴリウス十三世が定めたグレゴリオ暦の一月一日を新年としている。言い換えれば立教年であっても、天理教暦ではない。これを天理教暦にするとして十月二十六日を元日とすると、そこには当然、旧暦か新暦かという問題も出てくる。天保九年十月二十六日は新暦の一八三八年十二月十二日となるから、現在のカレンダーでは十二月十二日を本教の新年とするのかなど、極めて難解なことになってくる。

そもそも、私たちの習慣の中にはキリスト教や仏教から入ってきたものはたくさんあって、それを一つひとつ排除することは不可能だし、現実的ではない。またその必要もない。たとえば、道の学校である天理教校や天理大学、また天理教教庁も日曜日を休みにしている。ところが、日曜日が休みというのは万国共通ではない。これはキリスト教の習慣である。イスラム教の国家は金曜日を休日にしているところも多く、ユダヤ教の国であるイスラエルは土曜日が休みだ。だからといって、お道の学校も同様に独自の暦で運営することなどできるわけがない。

筆者が以前、ある外国人神父をおぢばへ案内した折、たまたま修養科の話になった。筆者が「修養科は日曜日が休みです」と言ったところ、彼は驚いて「天理教の修養科は、キリスト教の教義に基づいてやっているのですか？」と問うてきた。もちろん、そうではない。明治以降、西洋、つまりキリスト教国家に倣い、日本でも学校や会社、役所は日曜日が休みとなり、お道の諸施設などもその習慣に倣ったのだと思う。

このように、身の周りには、宗教的慣習が一般的習慣となったものが、数え上げたらきりがないほどあるわけで、要は、それらになじんでも、道の信仰者であるというアイデンティティーが確固たるものであれば、それでいいと思う。

年号に関しては、その場その場で臨機応変に元号、西暦、立教年を使い分ければいいのだろう。

（２０１９年６月号）

夫の家事を考える

昨今、男性も育児休暇を取るべきかどうかという議論が起こっている。いわゆるイクメン制度である。小泉進次郎大臣が育休を取ったことは、とりわけ大きな話題となった。調べてみると、世界でこの制度が最も充実しているのは北欧でもアメリカでもなく、意外と日本なのである。日本では法律上、子供が生まれた後、夫は世界で最も長い有給の休暇を取得することができる。

ただし、制度はあっても活用する男性は非常に少なく、全体の七％に過ぎない。休みにくい職場の雰囲気があるのだろう。これも意外なのだが、スイスは今でも「子育ては母親の仕事」という観念が強く、今年九月にようやく国民投票でイクメン制度が認められた。

ＮＨＫ放送文化研究所の調査によれば、日本で、男性が家事を「するのは当然」と答えた人の割合は一九七三（昭和四十八）年では五十三％であったが、二〇一八年では八十九％にまで増えている（『現代日本人の意識構造　第九版』同所編）。かつては「男子厨房に入らず」と、夫が家事や育児などするのはもっての外という時代もあった。明らかに世の人びとの意識は変わってきている。

もう二十年以上前になるが、ある若いようぼく夫婦から「天理教では夫が家事をしてはいけないのですか」と詰問されたことがある。事情を聞くと、こうだった。

彼らの所属教会は遠くにあり、普段は夫婦だけで講社祭をしている。会長は年に一、二度しか来られない。その日は会長が遠路をいとわず来てくれて、三人でおつとめを勤めた。終了後、せっかくの機会だからと、妻が手料理を振る舞い、楽しいひと時を過ごした。食事が終わると、夫が立ち上がり台所に行き、食器洗いを始めた。妻は座ったままだ。

それを見た会長は二人に対して「〇〇さん（妻のこと）、あなたは女性なのだから座っていてはいけない。食器洗いはあなたがするのだ。△△君（夫）、君がそんなことをしていては駄目だ。男なのだから、ここに座って私の相手をしてくれないと……」と言ったという。それで憤慨したというのだ。会長の言葉を疑問に思っていたのは、どちらかと言うと夫の方だった。

問われた筆者は、そのとき「会長さんも、悪気があっておっしゃったわけではないだろうし……」と、お茶を濁した記憶がある。お世辞にも家事に熱心とは言えない筆者が、これに答えるのは少し気が引けるが、お道における夫、妻それぞれの役割とはどういうものだろうか。

原典などから探ると、まず人間世界は、どちらか一方の性ではなく、夫婦から始まった。また夫婦は前生のいんねんによって結ばれた。だから夫婦になった経緯はいろいろあっても、お互いがそのいんねんを自覚することが必要不可欠だろう。夫婦は天地、あるいは水と火、言い換えれば潤いと温みの理である。天から降ってくる水分と、それを受ける地。そして日光によって、その水分はまた天へと戻る。天地の間で間断なく行われるこの循環が万物を育む。つまり、夫婦の円満なやりとりが家庭を育てる。

ひのきしんは夫婦ともどもで行うことが第一の物種、つまり守護をいただく根本の種になり、そして二人が心を治めれば、何かにつけて神の守護が現れると教えられる。ただ、夫と妻、各々がするべき具体的な役割を限定されているようには思えない。

『稿本天理教教祖伝逸話篇』を読むと、ある婦人に「亭主の偉くなるのも、阿呆になるのも、女房の口一つやで」（三二「女房の口一つ」）と教えておられる。妻が夫をむやみにけなすことを厳に戒めておられるのだ。一方で、ある男性には「我が家にかえって、女房の顔を見てガミガミ腹を立てて叱ることは、これは一番いかんことやで。それだけは、今後決してせんように」（一三七「言葉一つ」）と言われる。これは、夫が妻に対して、訳もなく怒りをぶつけることをいさめておられる。つまり、表現こそ違え、夫婦双方ともに優しい心づかいで、相手を立てることの重要性を教えておられると思う。

また、『おさしづ』には「一時に心澄み切りて通れば、男女の区別は無い」（明治31・3・26）、「この道、男だけで、女は世界へ出さんのか」（明治31・3・30）とある。この「世界」とは海外ではなく、社会という意味だろう。女性が一般社会で働くことも決して否定されてはいない。

これらを考え合わせると、要するに、夫婦が心を寄せ合い支え合って生きていくならば、その実生活の形はさまざまであってもいいのではないだろうか。筆者の知っている別の夫婦は、掃除、炊事など家事はもっぱら夫で、妻は外で働いている。もちろん、夫は喜んでそれをやっており、妻も満足している。そして子供も含めて家族が幸せに暮らしている。それはそれで、いいのではないかと思う。

イクメン、つまり育児を男性が手伝うのは大事なことだし、そのための休暇を取ることが法的に許されているのだから、それを取得して夫婦で神からお預かりした大切な子供を育てていくことも間違っていないと思う。その際、少し負担をかける同じ職場の人たちには、感謝の念を表すべきだろう。

（２０２１年２月号）

「夫婦」をめぐる議論

世界の今日的な問題とも言える同性愛、同性婚について考えてみたい。こういう問題に対し、たとえ結論は出なくても、信仰者としてどう考えるべきかを回避せずに議論はすべきだろう。

調査機関によって違うが、ＬＧＢＴ（同性愛、両性愛、トランスジェンダーなど）は、だいたい十人に一人の割合でいるという。したがって、おそらく読者の中にも、またその家族の中にも該当者はおられるだろう。つまり誰にとっても、これは決して人ごとではない。

なお、これまでの連載もそうだが、言うまでもなく以下の考え方は教団の見解ではなく、筆者の個人的なものであり、その責めはすべて筆者が負うことをお断りしておく。

筆者は在欧中、「天理教は同性愛を許すのか」あるいは「同性婚を認めるのか」といった質問を幾度となく教内外の方から受けた。宗教によっては、その経典に「同性愛は許されない」といった表現があるところもある。しかし天理教の原典などには、同性愛についての記述は見当たらないと思う。

同性愛というのは、個人の性的指向である。したがって、許される、許されないという類《たぐい》の問題ではないと思う。仮に許されないという立場だとしても、当事者にとっては個人の感情だからどうしようもないだろう。私たち道の信仰者は、そういう人たちを忌避したり差別したりすることは絶対あってはならない。もし当人が、それで何らかの悩みを抱えているのであれば、その悩みに耳を傾け、寄り添うことが大切だろう。

一方、同性婚は制度の問題である。現在、ヨーロッパを中心に世界で二十六の国と地域が同性婚を許可している。日本でも、市によっては同性の婚姻届を公的に認定しているところもあるが、法的に認められたわけではない。今、同性婚を認めるようにと国を相手取って訴訟も起きている。今年五月には、アジアで初めて台湾が同性婚を合法化した。

この同性婚を天理教ではどう考えるべきなのだろう。筆者は、まず前提として、法律上の「夫婦」と道の信仰上の「夫婦」は必ずしも一致しないと思うのである。どういうことか。

たとえば、結婚式をしなくても婚姻届を出せば、法律上は夫婦である。一方、道の信仰でいう夫婦とは、何らかの信仰的な儀式や儀礼、たとえば本部教祖殿や、各教会に祀られている教祖の御前で夫婦固めの盃を戴くとか、講社に祀られている神様に参拝してお誓いするといった、信仰的なけじめの儀礼を伴うことが多い。仮に、相手が未信者で一緒に参拝できない場合には、信仰している両親、あるいは〝理の親〟などとともに教祖に拝してお誓いをすることはできる。そういった信仰的な儀礼を通して、夫婦としてともに生きることを親神様・教祖に約束したものをいうのではないか。

逆に、天理教の教会であろうとどこであろうと結婚式を挙げても、役所に婚姻届を出さなければ法律上は夫婦ではない。たとえば結婚式後、故意かどうかはともかく婚姻届を出さずに新婚旅行に出かけ、縁起でもないことだが仮に事故にでも巻き込まれたら、新聞には「田中○男さんと鈴木△子さんが……」と別の姓で友人、あるいは内縁関係として書かれるだろう。

筆者は、信仰上の夫婦になったならば、法律上はどうでもいいとは思わない。特段の理由がない限り、市民として法律にのっとって生きるべきだ。すなわち、教祖の御前で夫婦の誓いをして、同時に役所にも届けを出して法律上も夫婦になった方がいいと思う。ただ、先に述べたように、法律上の夫婦と、道の信仰でいう夫婦は、必ずしも一致しない。この前提を踏まえたうえで考えてみたい。

考えてみれば、同性愛の人たちが、別に法律上の夫婦にならなくても、二人仲良く一緒に暮らしていれば、それで当人たちに実際の不利益はないようにも思える。しかし、あえて法律上の夫婦になりたいと求めるのは、異性間の夫婦と同じように、たとえば配偶者控除のような法律上の保護と同時に、夫婦として社会的に認知されたいと思っておられるのだろう。筆者は、その気持ちは分かる。

しかし、お道でいう「夫婦」とは、「このよのぢいとてんとをかたどりて　ふうふをこしらへきたるでな」（『みかぐらうた』第二節）、あるいは「このもとハどろうみなかにうをとみとそれひきだしてふうくはちめた」（六 32）と教えられる通り、男と女が結ばれ伴侶として生きていくことをいうのだと思う。したがって、今後も含めて法律がどうあろうと、同性同士では道の信仰上は夫婦になれないと思う。

では仮に、信者で同性愛のカップルが、天理教の教会で結婚式を挙げたいと願い出てきたらどうするか。筆者は、同性では道のうえでの夫婦になることはできないと考えるので、気の毒だが、教会での結婚式の執行は断らざるを得ないと思う。

しかし、同性・異性間にかかわらず、また家族であっても他人であっても、一つ屋根の下で暮らす人たちが仲良く暮らすのは大事なことだから、そういう意味で、願い出た同性の二人とともに、「仲良く暮らすことができますように」という願いを込めて、神様に拝をさせていただくことは可能だろう。

（2019年8月号）

名―姓か、姓―名か

このほど政府は、公文書などに日本人の名前をローマ字で表記する際、これまでの名―姓の順から日本語表記同様に姓―名の順にすると決めた。今後、海外メディアなどにもそのように表記するよう求めていくという。たとえば安倍晋三首相は英語の公文書、また海外メディアなどでは「Shinzo ABE」と書かれていた。これを今後は「ABE Shinzo」と表記しようということである。

海外メディアでは、以前から中国人や韓国人の名前は、たとえば「シー・チンピン」とか「ムン・ジェイン」などと当該国式に姓―名の順だった。スポーツでも、オリンピックや世界選手権の際のローマ字での選手登録名も、韓国人などは姓―名だが、日本人選手は名―姓の順である。

なぜ、日本人だけが日本式ではなく、欧米式に名―姓の順に書かれるのだろうか。明治の世になって、それまで未知のものだった欧米文化が一挙に入ってきた。そのとき、おそらく日本人は、欧米式がすなわち世界のスタンダードだと思い、すべてそれに合わせたのではないか。暦、服装、政治や教育制度などなど、数え上げたらきりがない。

たとえば暦でも、日本人は明治五年にサッと太陽暦にして正月も変えたが、東南アジア、韓国、台湾などは今でも旧正月、つまり旧暦の正月を大切にし、それを祝っている。これは日本人の淡白さもあるのだろう。

そうした流れの中で、おそらく名前の呼び方も、外国人（すなわち欧米人）と会話をする際、自分を名乗るときに相手に合わせて名―姓の順に自らしていったのではないだろうか。一説には、ヘボン式ローマ字で有名な、幕末から明治にかけて日本に滞在していた宣教師、ジェームス・C・ヘボンが、そのように勧めたともいわれる。

余談だが、この「ヘボン（Hepburn）」という姓の日本語表記は混乱していて、同じ姓でありながら、女優の場合は「(オードリー）ヘップバーン」となる。

確かに筆者自身も、欧米の人に自己紹介するとき、「マイ・ネーム・イズ・ノリアキ・ナガオ」と、姓名をひっくり返して名乗っているし、名刺にも「Noriaki NAGAO」と記している。

ちなみに、ヨーロッパのすべての国が名―姓の順ではなく、ハンガリーは正式には、日本と同様に姓―名の順である。

このように、相手に合わせるのか、それとも自らのアイデンティティーを大事にして、それを異文化圏であっても貫いていくのか。これは道の布教にとって、大いに考えていかねばならない問題でもある。

この道を世界へ広めていく中で、頻々に遭遇し、しかも慎重に考えねばならないのが、神名や教語を外国語でどう表記するかという問題である。大げさではなく、これを間違えると道の信仰が間違って伝わる可能性もある。キリスト教が日本で広まらなかったのは、フランシスコ・ザビエルがキリスト教の神を大日如来になぞらえ、「大日」と教えたからという説もあるほどだ。だから筆者が海外部にいたころ、部内でもよく議論した。

たとえば英語の『天理教教典』では、親神を「God the Parent」と表記している。これで外国人は意味が分かる。ところが、「God」はつまりキリスト教の神を表し、これではその属性を表していると受け取られる可能性がある。キリスト教文化圏の言葉を使うということは、当然キリスト教というフィルターを通してそのものが理解されることになるからだ。しかし、アルファベットを使う文化圏は、すなわちキリスト教文化圏なのだから、どうしようもない。

一方、フランス語の教典では「Oyagami」と表記している。これでは外国人にとって、これが神の名なのか、何かの物体の名前なのか皆目、分からない。

ただ、最終的には、すべて「Hinokishin」とか「Nioigake」などと日本語をそのままローマ字で表記し、それが理解されるようになるのが理想だろう。ちょうど、涅槃とか菩提などと、仏教用語がサンスクリット語でそのまま日本に入り、音写されて定着したように。

天理教の教会をチャーチと訳しているが、これも同じで、チャーチと聞くと西洋の人は、中央に十字架があってパイプオルガンが設置されて……といったことを自然に想像する。

加えて、参拝施設の名称は宗教によって違う。ユダヤ教はシナゴーグだし、イスラムはモスク、そしてチャーチは、キリスト教の神殿のことである。ちょうど神道が神社で、仏教が寺とされるのと同じである。

だから、テンリキョウ・チャーチと聞くと、おそらく「テンリキョウ」という名のキリスト教の一派と受け取られるだろう。むしろテンプルの方が、ふさわしいかもしれない。テンプルは、必ずしも仏教寺院のことではない。中世ヨーロッパのテンプル騎士団は、言うまでもなくキリスト教の組織である。テンプルとは一般的に、宗教組織や神殿を指す。ただ「テンリキョウ・テンプル」とすると、今度は日本人が、お寺のように感じてしまう。本当に難しい。

ところで、ある海外教会の会長は、現地人であり、キリスト教文化の中で生まれ育ったが、月次祭は「ツキナミサイ」、教会は「キョーカイ」と信者に対して日本的に呼んでおられる。一つの見識だろう。

（２０１９年11月号）

選択的夫婦別姓を考える

先の衆議院選挙の争点の一つに、選択的夫婦別姓制度の導入に対する是非があった。現在、日本では結婚すると夫婦が同じ姓を名乗らねばならない。そして婿養子のような例を除いて、ほとんどの夫婦が夫の姓を名乗っている。それを選択的、つまり婚姻届を出しても、妻あるいは夫が、そのまま旧姓を名乗りたければそれを法的に認めようというものだ。結婚したら必ず姓を統一しなければならないのは現在、世界で日本だけらしい。

賛成派は、もともとの姓を変えたくない。また改姓することで印鑑や運転免許証、パスポートなど証明書類を作り直さねばならず、その手間が大変になるということも理由の一つに挙げる。

一方、反対派は、夫婦が別姓になれば生まれた子供は両親のどちらかと姓が違うということになり、夫婦や家族の一体感が弱くなるなどと主張する。国会では主に自民党の保守派に多い。

明治三（一八七〇）年に「平民苗字許可令」が出されるまで、江戸時代のいわゆる一般庶民は姓を持たなかったと言われる。しかし『稿本天理教教祖伝』を読むと、教祖の実家・前川家こそ領主から名字帯刀を許されていたから分かるものの、中山家はじめ初期の信者は皆、庶民であるにもかかわらず、西田伊三郎、村田幸右衞門、仲田佐右衞門などの姓が記されている。調べてみると、江戸時代でも、庶民は公的には姓を名乗れなかったが、一応それぞれに姓は持っていたようだ。しかし、日常は互いに「伊三郎さん」「佐右衞門さん」などと名前で呼んでいたのだろう。

そもそも姓とは、出自や家族関係を明白にするために必要なものだった。それは西洋も同じで、たとえば「マック」はスコットランドの言葉で「息子」で、ドナルドさんの息子だからマクドナルド、アーサーさんの息子だからマッカーサーとなっていった。息子は英語では「ソン」だが、ジョンさんの息子はジョンソン、アンダーさんの息子はアンダーソンで、それらが姓となったらしい。ちなみに、デンマーク語で息子は「セン」であり、ジョンソンはヨハンセン、アンダーソンはアンデルセンとなる。

さて、『稿本天理教教祖伝』を詳しく見ると、確かに慶応三（一八六七）年の公的文書「古市代官所へ提出した文書の控」（百ページ）などは、届出人は「善右衛門」と名前のみとなっている。それが、上記の「平民苗字許可令」発布後の明治十四年に出した「就御尋手続上申書」（百六十ページ）では、届出人は「山澤良治郎」、文中でも「中山まつゑ」などと姓も記されている。『稿本天理教教祖伝』中の資料でも、法律が施行されて庶民も姓を持ったことがはっきりと分かる。

本教の教友が多い台湾や韓国はもともと、国の制度として夫婦別姓だ。ただ、こういう国では、日本の代々続く「家」という概念が分かりにくいということはあるだろう。

ちなみに、筆者の娘の一人はフランス人と結婚しているが、結婚の際、夫が「君の姓を残そう」と言ってくれて、娘は今「〇〇（夫の姓）・ナガオ・△子」と名乗っている。欧米では、このように両家の姓を名乗るケースも少なくない。第三十五代アメリカ大統領、ジョン・F・ケネディのFは「フィッツジェラルド」のイニシャルで、それは母方の姓をミドルネームとして付けたものだ。

一般の会社、また筆者の知人にも、結婚しても旧姓をそのまま通称名として使用している人は多くいるし、著名なスポーツ選手や芸能人もそうだろう。一方、結婚したことで夫の姓になり、職場でも「きょうから○○（夫の姓）になりました」とうれしそうに報告し、新しい姓で通す人もいる。

逆に離婚しても、夫の姓のままにしている人もいる。これも理由はさまざまで、旧姓に戻すと夫の姓を名乗っている子供たちと姓が違ってしまうので、親子の絆が弱くなることを心配して、そのままにしている人もいるようだ。

今後、国会でも議論されるだろうが、世界の趨勢《すうせい》でもあるから、法律で認められるようになるかもしれない。そうなると、ひょっとしたら教友夫妻の中にも、たとえば一人娘で生家の姓がなくなるのは忍びないといった理由で、やむを得ず別姓を選ぶ夫婦が出てくるかもしれない。法律で許されるならば、そのこと自体は誰に咎められるわけでもない。ただし、だからと言って、夫婦、家族の絆が弱まってしまってはなんにもならない。

夫婦として結ばれた限り、仮に別姓になっても心の絆はしっかりと結んで、巡り合ったいんねんを喜んで、生涯伴侶として生きていく心を定めるのが信仰者の歩むべき道だと思う。

教祖が現身をかくされる一カ月余り前の『おさしづ』に、「さあ〳〵月日がありてこの世界あり、世界ありてそれ〳〵あり、それ〳〵ありて身の内あり、身の内ありて律あり、律ありても心定めが第一やで」（明治20・1・13）とある。最後の「律ありても心定めが第一やで」の部分は、さまざまな解釈が可能だ。筆者は、たとえ時代とともに法律は変わっても、信仰の精神は決してゆるがせにしてはならないという意味だと理解している。

（2022年1月号）

科学と信仰の折り合い

コロナ禍における医療と宗教の関係について考えてみたい。

一月十四日、世界最大の宗教行事であるヒンドゥー教の「クンブメーラ」が始まり、数十万人がインド・ガンジス川で沐浴を行った。七週間で数千万人が訪れるという。写真で見る限り、マスクをしている人はいない。多くは半裸の状態で川の中に身を沈めている。巡礼者らは「コロナウイルスから身を守るのは、マスクではなく信仰だ」と主張している。ちなみに、インドの感染者数は世界第二位の一千万人以上で、死者は十五万人を超えている（本稿執筆時点）。

ギリシャ正教など東方正教会では、信者たちが同じスプーンを使ってワインを飲むといった儀式が続けられている。やはり、信仰があれば感染は起こらないと考える聖職者が多くいるようだ。イスラエルでは感染が急速に広がった原因の一つが、ユダヤ教正統派の人たちの集団礼拝にあったと考えられている。

カトリックの総本山であるバチカンのサン・ピエトロ寺院では一月六日、恒例の「公現祭」のミサが行われた。その際、参拝者の多くはマスクを着用していたが、約一時間半のミサの間、ローマ教皇フランシスコはマスクをしなかった。教皇は他の機会でもほとんどマスクを着用していない。これについて、科学に従いマスクを着用すべきだという批判の声がある。ただ、教皇のマスク非着用は必ずしも科学的見地を無視した結果ではないようだ。現に教皇は、一月には率先してワクチン接種を受けた。では、なぜマスクを着けないのかというと、筆者の推測だが、神事執行中にマスクを着用することに抵抗があるからではないだろうか。確かに筆者も、おつとめの役割を勤める際にはマスクは外している。それは、上段で勤めるとき腕時計やネックレスなどを外すのと同様、マスク着用が神に対する不敬のような気がして抵抗感があるからだ。しかし、これも医学者から見たら妥当ではないかもしれない。

教会本部では昨年来、一時、祭典時の一般信者の参拝を遠慮してもらい、その後も現在まで殿内は代表者のみで執行されている。また、殿内外でマスク着用を促し、殿内参拝者は距離を取って座っている。各教会も、地域の状況を見ながら、それぞれ苦慮しながら対応している。

強固な信仰を持つ宗教者は、結果的に科学を否定してしまうことがある。今回のような深刻な災厄が起こると、彼らは神の加護を求める思いが当然強くなり、大勢が集まりともに祈る。仮に集団礼拝などで感染がさらに広がれば、科学者はそれを批判し、止めようとする。そして、両者の対立が一層深まるという不幸なことになる。

筆者も信仰者として、このたびのコロナ禍は親神の人類に対する何らかの警告であると思っている。そのうえで、科学と信仰の折り合いをどうつければいいのだろうか。批判をいただくかもしれないが、あえて筆者なりの考えを述べたい。

『おふでさき』に「この事をしらしたいからたん〳〵と　しゆりやこゑにいしやくすりを」（九11）とあり、医者・薬は修理肥と教えられる。修理肥とは、農作物本来の生命力を補助して病気になるのを防ぎ、丈夫に育つために施されるものである。教祖はさらにこのお歌で、医者と薬をいわば科学を象徴するたとえとして用いられたと思う。つまり、科学は決して信仰と対立するものではなく、むしろ双方が補完し合うものなのではないかと思う。『おさしづ』にも「元々医者は要らん、薬は呑む事は要らんという事は教には無いで」（明治23・7・7）とある。

よく車にたとえて、科学はアクセルであり、宗教や倫理はブレーキだと言われる。筆者は、宗教はむしろギア（ギアチェンジのある車はもうあまり見ないが）やハンドルだと思う。猛烈な勢いで進歩する科学は、ともすれば人間性の尊厳といったものを見失いかねない。それを時には適正な速度に抑制し、方向が大きくそれないようにするのが宗教の役割ではないか。

「医者の手余りを救けるが台と言う」（明治26・10・17）とも教えられる。医学だけでは救えないことはたくさんある。時に、重篤な身上を信仰でご守護いただくこともある。また、心の病などは、薬である程度軽減する場合もあるが、治らないこともある。さらに自覚のない病的な状況、アルコールやギャンブル依存症、激しいＤＶなども、なかなか医学だけでは救えない。何よりも、不治の病に陥った人やその家族の心を癒す手だては科学にはない。そんなとき、信仰者が寄り添い、心の声に耳を傾けることは誠に重要だ。

これらを整理すると、病気を治すのが医学であり、病人をたすけるのが信仰と言えるかもしれない。近代的医療技術をもって患者を診ている「憩の家」に事情部が置かれているのは、そのためだと思う。このたびのコロナ禍においても、科学的知見を尊重し、それなりの対処をしたうえで道の用向きに努めることは、決して私たちの信条に背くものではない。

（２０２１年４月号）

コロナ禍が教えてくれたこと

去る五月二十五日、政府は緊急事態宣言をすべて解除した。とはいえ、なお大勢が集まることには躊躇するものがある。本教に限らず宗教は、教会などに人が集まってともに祈ることがその使命である。それを考えると今、少し危機感さえある。

これから世の中は変わっていくかもしれない。満員電車で出勤するのではなく、インターネットを使っての、いわゆる在宅勤務が増えるだろう。そういった傾向が強まると、今後、人びとが集まることの意義は減るのだろうか。

筆者は、そうは思わない。インターネットなどのバーチャル（仮想）な結びつきは、現実の人間の付き合いに取って代わるものではない。むしろ、常時ではないにしろ、時には人と人が実際に顔を合わせ、つながることが一層重要だということを実感するようになると思う。

天理大学では、インターネットを使ったオンライン授業を始めた。ある教員は、これで学生との距離感が縮んだと言う。現実の社会では、特に大人数の教室では学生は一つの塊のように捉えられ、教員と個でつながりにくい。それがオンラインでは、奥行きのない二次元のコンピューター画面で、教員と学生一人ひとりが同じ距離で「対面」する。結果、学生たちと実際に会えるようになる日が楽しみになったと言う。

筆者は、いくつかの会議をオンラインで行ったが、実際の会議ならば取り立てて議論になるような議題がなければ、ただボーっと座っていればいいということもある。しかし、オンラインになると各人が際立ち、やはり存在感が一層増していく。

「第三章　偉大なるこの道」の中の「今こそ、ぢばに心を寄せよう」で言及している〝天理ドリームオーケストラ〟というバーチャルな楽団の中には、日本国内だけでなくドイツやアメリカで活躍している音楽家もいた。想像するに、彼らの中には全く面識のない人同士もいただろう。おそらく「今度おぢばで会いましょう」といった交流に発展した人もいたと思う。

このようにバーチャルなつながりは、実際の接触を求めさせるようになっていく。

教会の活動にも同じことが言える。若い会長さんの中にはインターネットを駆使できる人が多い。今は教会に集まることは少しはばかられるが、ＳＮＳなどを利用して信者さんたちと絆を強めることもできる。

バーチャルに見聞きできるようになると、その場に足を運ばなくなるという人もいるが、そうだろうか。たとえば大相撲のラジオ放送は昭和三年に始まった。そのとき相撲協会は、自宅で相撲が聞けるようになると誰も国技館に来なくなると懸念したが、現実にはラジオ、さらにその後テレビで中継されるようになると、相撲の観客はどんどん増えていった。

インターネットのおかげで、世界の人が自宅でエッフェル塔や金閣寺などの観光名所を見られるようになった。ある人は「これで実際に旅行する人は減っていくだろう」と予測したが、現実にはご承知の通り、世界中が観光客で溢れるようになった。

これを教祖は「このもとをくはしくきいたことならバ　いかなものでもこいしなる」(よろづよ八首)と表現されたのではないか。これは、ぢばのことであると同時に、一般論でもある。人はバーチャルで見れば見るほど、詳しく聞けば聞くほど、実際にその場に行きたくなる。未信の人をおぢばや教内行事などに誘うため、「ひとことはなしハひのきしん　にほひばかりをかけておく」(七下り目　一ツ)ことが極めて重要であるゆえんだ。

インターネットなどを使って教理などを広めるのは、不特定多数に誤って伝わる危険性もある。それゆえ、大いに慎重を期さねばならない。しかし道の先人たちも、時代に応じて果敢に道を広められた。明治二十四年、当時としては最新の方法であった印刷物による文書布教を始めた。印刷物も大量に出回るのだから、うっかり間違ったことを広める恐れはあった。

ただ筆者は、物事には何でも長所と短所があるが、その短所にことさら焦点を当てて、それ自体をやめることの方が、よほど愚策だと思う。

本教は、文書からやがてフィルム、そしてラジオ放送やテレビ映像による布教に取りかかった。今後もSNS、動画配信などを使っていけばいいと思う。ちなみに先のオーケストラ動画は、この原稿を書いている時点で、世界中で約四万六千人もの人びとが見てくれている。

一方で、こんな時代だからこそ、原点に戻って努力している教会長がいる。スマホが不得手な年配の信者さんへの配慮でもあるのだろう、ある教会長は、講社祭ができないので、御《ご》供《く》とマスクに手紙を添えて信者宅に配って歩いた。すると、何年も音沙汰がなかった信者さんからお供えが送られてきたという。

今、ほんの少し出口が見えてきたとはいえ、まだまだ人びとは鬱《うつ》々とした気分の中にいる。こういう苦難の中でこそ、手段は何であれ、教会長やようぼくたちが差し伸べる真実は必ず光沢を帯びる。天理ドリームオーケストラの動画配信には、「感動した」「涙が出た」といった多くの書き込みがあった。今こそ陽気ぐらしを説くこの道の出番だ。

コロナ禍が多くのことを教えてくれた。

（2020年7月号）

コロナ禍での差別

新型コロナウイルスが世界に蔓延しだして、すでに一年半になる。世界中でワクチン接種が始まり、わずかながら希望の明かりが見えてきたような気もするが、まだまだ油断はできない。

このコロナウイルスが、悲しいことに、世界のあちこちで差別を助長している。特にアメリカで、アジア人への暴力行為が目立っている。

二月、ロサンゼルスにある「東本願寺ロサンゼルス別院」で夜間、何者かが侵入し、ちょうちん立てに放火して、灯籠や窓ガラスを壊すという事件が起きた。幸い、けが人はなかったが、一つ間違えれば大火事になるところであった。

三月末、ニューヨークでは、アジア系の女性が路上で突然、見ず知らずの黒人男性から暴行を受けた。女性は骨盤骨折の重傷を負った。犯行の模様を防犯カメラが捉えており、ごく普通に歩いている人に突然襲いかかる映像は衝撃的であった。

やはり三月、アトランタではマッサージ店三カ所が銃を持った白人男性に襲われ、店の従業員のアジア系女性六人を含む計八人が射殺された。

これらはいずれも、今回の新型コロナウイルスがアジア人によって世界に拡散されたという誤った思い込みから、アジア系の人に対する憎悪が募ったことが原因と見られている。アジア人に対する人種差別と言えるだろう。初めに中国で感染が広まったこともあるかもしれない。いずれにしろ、このようなことはあってはならない。一連の事件の後、アメリカでは各地で人種差別への抗議デモが相次いでいる。

世界には、人種・民族差別、日本の部落問題やインドのカースト制などの社会的差別、障害のある人への差別、ＬＧＢＴの人への差別、女性蔑視など、数え上げれば切りがないほど差別が存在する。

以前にも書いたが、人間社会で差別ほど排除すべきものはない。陽気ぐらしを妨げる最大の要因と言っていいかもしれない。しかし、残念ながら差別はどの国にも存在し、ひょっとしたら私たち一人ひとりの心の中にも存在しているかもしれない。

昨夏、天理大学ラグビー寮で新型コロナの集団感染が発生した。当時は、今よりもはるかに、このウイルスに対する知見が少なかった。それだけに、集団感染の発生が非常に衝撃的に捉えられたことと、ラグビー部が著名であったことから、各メディアで大きく報道された。

その結果、感染は部員だけで、ほかには一切広がらなかったにもかかわらず、ラグビー部とは一切関係のない一般の学生が、天理大学生という理由だけでアルバイト先から出勤の停止を言い渡される、あるいは教育実習を断られる（最終的には受け入れられたが）といった事例が相次いだ。ある職員は、子供を医者に連れていこうとして断られた。

この事態を受けて、筆者と並河健・天理市長は共同で記者会見を開き、このような状況は看過できるものではなく、学生たちへの配慮をお願いしたいと訴えた。市長は、こういう流れが世の中を分断させていくと強く主張した。

これは、いわば風評被害からくる差別である。もちろん、差別はすべて良くないが、正直、筆者は、学生の出勤を断ったアルバイト先や、教育実習の受け入れを拒んだ学校を一方的に責める気持ちにはならなかった。いい格好をするわけではないが、被害者対加害者のような構図を捨てて、ともに考えて、この種の差別をなくそうと訴えたつもりであった。

これはまず根底に、目に見えない、しかも未知のウイルスに対する恐怖心がある。今でも、それは誰もが持っているだろう。当時、治療法もほとんど分からず、もちろんワクチンもできていなかった。芸能人など著名人の相次ぐ死などもあり、人びとの心の中の恐怖心は今よりもはるかに強かった。

筆者は、もし自分がアルバイト先の居酒屋の店主や、受け入れ先の校長の立場であったらどうしただろうかと真剣に考えた。自分は本当に、なんの憂いもなく喜んで受け入れただろうか。

もし店主だったら、クラスターを出した大学の学生が私の居酒屋で給仕をしている。それを知ったお客さんの足は遠のき、店の経営が傾いてしまうのではないか。そうなれば、家族を養っていけないと考えたかもしれない。

もし校長であったなら、生徒や教職員たちは抵抗なく教育実習を受け入れてくれるだろうか。仮に受け入れても、それを聞いた保護者は学校に抗議してくるのではないだろうかと考えたかもしれない。

そして「差別をするつもりはない。私は何も間違ったことをしていない。仕方がないのだ」と、自分で自分の心を懸命に納得させながら、アルバイトや実習を断ってしまわなかっただろうか。

差別は絶対にいけないし、なくすべきだ。それを大前提として、今回のコロナのような風評を原因とする差別の場合、ただ一方的に差別はいけないと言うだけではなく、さまざまな立場の人たちが歩み寄って、知恵を出し合い、解決策を求めていくことが唯一の道のように思えてならない。

差別を根絶しない限り、「一れつきょうだい」の世界は実現できないと思う。

（2021年6月号）

コロナ禍におけるおたすけ

去る九月二十五日、布教部ひのきしんスクール主催のオンラインによるシンポジウムが行われた。テーマは「今、改めて〝おたすけ〟を考える」というもので、筆者も登壇した。

現在、コロナ禍で道の活動も試行錯誤が続いているが、このシンポジウムでは、その中でも変わらず路傍講演や神名流し、戸別訪問を続けている教会長などが紹介された。一方で、オンラインを使って女子青年活動を進めている女性、また、いわゆる社会的活動をしている教会なども登場した。

もちろん、多くの人を苦しめている新型コロナウイルスがなければ本当に良かったと思う。ただ、コロナ禍で、オンラインを利用した会活動という、いわばこれまで取り組めなかったことにも取り組めるようになったことは事実だろう。そして、こういったオンラインによる活動で救われたという人もいる。たとえば、海外などで周囲に教友が誰もいない中、孤立して信仰しておられる人たちだ。

反対に、神名流し、路傍講演といった地道な活動を続けている人もいる。こういった方法は、未信の人たちと天理教との接点はまさに刹那的であり、実際にはそれで信仰に魅せられて入信しようとする人は、ほとんどいないだろう。

では今の時代、これは意味がないのか。筆者は、全くそうは思わない。これらは、いわば徳積みではないだろうか。その積んだ徳が、おたすけの現場で働くのではないか。そういう意味で、道の布教活動に時間対効果、労力対効果ばかりを考えるのはいかがなものか。大切なことは、信念を持って続けることだろう。


このシンポジウムで紹介された教会は、「こども食堂」の弁当配達をしている。もともと教会を会場にこども食堂を運営していたのだが、子供が集まるので密になる。そこで配達に切り替えたという。

時折、こういう社会的活動は本来のにおいがけ・おたすけではないという声も聞く。しかし筆者は、これらの活動に大いに賛同する。考えてみれば、教団としても早くから、養徳院や「憩の家」、幼稚園から大学まで設置してきた。教会によっては、高齢者施設や障害者施設を運営しているところもある。さらに、日本の里親全体に占める本教関係者の割合は非常に高いし、教誨師数も教団別で見ればトップクラスである。それらもすべて社会的活動と言えるだろう。いずれも極めて尊い人だすけの御用だ。

今後、医療技術の著しい発展で、身上はどんどん克服されていくだろう。そのこと自体は喜ばしいことだ。一方で、人間関係の事情はむしろ増えてきているように思える。一人暮らしの高齢者や若者の心の問題。家族の問題では、なんらかの原因で、家庭で食事を取れない子供たちも多い。そんな社会の中で、この種の活動は間違いなく立派なおたすけだ。

そして、こういった、組織で行う活動の一つの特徴は、未信仰の人もスタッフとして一緒になって動くことだろう。信者側、未信者側と、目に見えない壁をつくって分けるのではなく、運営側に未信仰の人たちも大いに入ってもらって一緒に人だすけをしていく。これこそ、大きなにおいがけではないだろうか。

話をオンライン活動に戻すと、信者と未信者の間に壁をつくらないという意味で、オンラインは非常に有効だ。たとえば、お道の出版物を見ると、多くが信者対象であり、未信者がお道を知りたいと思って目を通すことができる書物はほとんどない。ところが今、動画配信システムを使って多くの人がお道の紹介をしていて、当然、見る方もさまざまだ。動画は、本のようにわざわざ購入しないと見られないわけではなく、スマホを手に取りさえすれば見ることができる。意図的に制限をかけない限り、信者、未信者の境界はつくりようがない。中には、お道を全く知らない人を意識して作ったと思われる動画もある。これも、今の時代のにおいがけの方法ではないだろうか。

いずれコロナは収束すると思う。しかし、今回培ったノウハウは、その後の教会活動に活かしていくべきだ。つまり、月次祭や教会行事があったのに都合がつかず教会に来られなかった信者に対し、せめて講話などをオンラインで流すこともできる。

お道の会合は、一方的に講師が話をするという形になりやすい。それが必ずしも悪いわけではない。しかし、実際の会合とオンラインのＺｏｏｍなどを使ったそれとの違いは、後者は奥行きがない二次元の世界だということだ。つまり「後ろの方にいる人」という概念がない。加えて上座、下座といった上下関係もない。講師と参加者の間の敷居がなくなり、参加者同士の距離感も等しくなる。したがって参加者が講師に、あるいは参加者同士が容易に質問できて、双方向になりやすい。まさに談じ合い、諭し合いが実現しやすい。

教会の様子を、画面を通して見る。そのことによって、コロナ禍がもっと収まってきたら、早く教会に行きたい、おぢばに帰りたいという気持ちが、きっと今まで以上に湧いてくる。画面で見るものが、現実に取って代わるのものでは決してない。

（２０２１年12月号）

安楽死を考える

昨年十一月に難病ＡＬＳを患っていた女性を薬物で死亡させたとして、去る七月、二人の医師が嘱託殺人の容疑で逮捕された。この事件を契機に、日本で再び安楽死の問題が議論されるようになった。

もう全くたすかる見込みがない人たちの「死ぬ権利」を認めてもよいのではないかという声も上がる一方で、同じような難病に冒されている多くの人から、その法制化に異議を唱える意見も出ている。

筆者のように、特に患いもなく健常に暮らしている者が、こういう問題を論じることは、当事者から無責任のそしりを受けるかもしれないが、信仰者の一人として考えてみたい。

筆者は過去、実際に安楽死で自らの命を絶った人と交流があった。二〇〇一年、オランダは世界で最初に安楽死を合法化した。この国に住んでおられた日本人女性Ｎさんは、不治のがんに冒され安楽死を選んだ。合法的安楽死で亡くなった最初の日本人である。このことは当時、日本でもメディアで大きく報じられた。Nさんは、母親と姉が熱心なようぼくであったことから、筆者の勤めていた天理教ヨーロッパ出張所の集いにも参加したことがあった。

もちろん、オランダは簡単に安楽死を認めているわけではない。「患者の苦痛が耐え難く治療の見込みがない」「医師と患者がともに、他の妥当な解決策がないという結論に達した」など、計六つの厳しい条件を設けている。

キリスト教では自殺を認めていない。それゆえ、オランダがこの法律を制定したとき、バチカンは厳しく批判し、オランダ国内でもカトリックの信者たちが抗議活動を行った。フランスやドイツなど、隣国のマスコミも否定的な論調が多かった。現在では、スイスやベルギー、韓国なども法律で認めている。

ここまで述べてきたのは、一般に積極的安楽死というものであるが、もう回復の見込みのない患者に対し、無理な延命措置を取らずに安らかに死を迎えさせようという消極的安楽死、いわゆる尊厳死もある。これは日本でも、法律にはなくても医療現場では実際に行われている。


やはり在仏中、がんで余命数日という女性の教友に筆者がおさづけを取り次いだちょうどそのとき、彼女を見舞いに来ていた筆者とも親しい彼女の友人のフランス人男性が、その様子を見て「おまえは今、何を神に祈ったのだ」と聞いてきた。それに対して、「天理教では息を引き取ることもまた、神の守護と教えられる。苦しむことなく出直せるようにと神にお願いしたのだ」と答えると、彼はひと言、「安楽死だな」と言った。つまり、天理教では安楽死を認めると理解したようだ。そのとき筆者は、安楽死を法律で認めるということと、筆者の神への願いの筋は、どう違うのか戸惑った。しかし、人為的に人を死に至らしめるか、神の御業によるかの間には大きな開きがある。

この安楽死の問題は結局「命は誰のものか」という根源的な問いに行き着く。自分のものであるならば、自分の自由にしてよいではないかということになる。では、お道ではこれをどう考えるのか。

「死」とはすなわち、脳も含めた身体の全機能が停止することを言う。逆に言うと「命がある」ということは身体の一部である心臓や脳が機能しているということになる（ややこしくなるので、ここでは脳死の問題にはふれない）。

『おふでさき』には「にんけんハみな〳〵神のかしものや　神のぢうよふこれをしらんか」（三126）とある。人間の身体は神が貸しているのであり、神の自由の守護によって生きているということが分からないのかという意味だ。つまり、身体は神の所有物で、それを人間は借りている。そして人間にとって、神から借りている身体が機能するということが生きているということ

いうことなのだから、命は自分のものであるが、神のものでもあるということもできる。したがって、必ずしもすべて自分の自由裁量に委ねられているということではなく、神の守護の範囲内の自由裁量でしかない、と言えるのではないか。

言い換えれば、命は自分のものではあっても、神によって生かされて生きているということができるのだ。なぜならば、自分は意図せずとも神が身体の機能を止めてしまう、つまり生きたくても生きられないこともまた、あるからだ。

そこで問題になるのが、身体を自然に任せていれば、もうすでに機能していないが、人工呼吸器のような近代的機械によって機能させられている状態だ。これも神の守護なのかということになる。ただ機械の補助による健康の維持を否定することは、人類の科学の発展を否定することになってしまう。医療技術も、神は修理肥として許されていると思う。

これらを総合的に考えると、確かに、絶対に回復の見込みがないまま生きるのは想像を絶するつらさだと思うが、それでもお道の教理では、尊厳死はともかく、神のものでもある命を人為的に止める積極的安楽死は認められないのではないかと思う。

読者は、どうお考えになるだろうか。

（2020年10月号）

「日本人」とは何か？

今、日本人アスリートが世界中で活躍している。本誌の読者は必ずしも日本人だけではないと思うので、その方々には申し訳ないが、やはり筆者は日本人としてうれしい。大坂なおみ選手、松山英樹選手、大谷翔平選手などは、世界の人たちの喝采を浴びている。そんな中で東京オリンピック、パラリンピックも楽しみだ。

先日、全米女子プロゴルフ選手権で「日本人」の笹生優花選手が優勝した。しかし彼女は、オリンピックにはフィリピン代表として出場するそうだ。笹生選手は日本人の父とフィリピン人の母の間に生まれ、現在、両国の国籍を持っているからだ。

彼女もそうだが、最近、いわゆるハーフといわれる人たちが増えてきている。アスリートでいえば、大坂選手は日本とアメリカ、野球のダルビッシュ有選手は日本とイラン、相撲の御嶽海関は日本とフィリピン、バスケットの八村塁選手は日本とベナン、陸上のケンブリッジ飛鳥選手は日本とジャマイカの、それぞれハーフである。

もちろんスポーツ選手だけではなく、芸能界や一般社会でも多い。筆者の縁者にも複数いる。そして、今後ますます国際間の人的交流は活発になるから、こうしたケースは増えていき、やがて「国際結婚」などという言葉は死語になると思う。現に西洋では、たとえば父親がフランス人で母親がスペイン人、父方の祖父はイギリス人だが祖母はドイツ人といったケースは珍しくもなんともない。日本の皇室は純血を守るべき（筆者は、この言葉はあまり好きではない）といった声もあるが、ヨーロッパの王室では、フランス王妃マリー・アントワネットはオーストリア人だし、先ごろ亡くなったイギリスのエリザベス女王の夫君、フィリップ殿下はギリシャ人だ。

笹生選手のような場合、日本の法律では二十二歳までに、どちらかの国籍を選択しないといけない。一方、フランスなどの国は多重国籍を認めており、たとえばフランスとスペインのハーフで両国籍を持っているならば、自分でどちらかの国を選んでオリンピックに出場するのだろう。

こうなってくると、そもそも「日本人」とは何かという問題に突き当たる。私たちはなんとなく、日本人というと、日本語を話し黄色人種で黒い目で平べったい顔をした人をイメージするが、ダルビッシュ選手やケンブリッジ選手はそうではない。また大坂選手は日本語を流暢に話せないが日本人だ。横綱白鵬関は両親とも日本人ではないが、本人は日本人だ。つまり、日本人というのは外見や持って生まれた血とは関係なく、「日本国籍を持っている人」とか「日本国籍を取得した人」のことなのだ。そして、これらのアスリートたちは、たまたま二十二歳までに日本国籍を選択したから日本人になったが、もう一方の国を選んでいたら日本人ではない。日本人から見たら「外国人」だった。

これは諸外国も同じで、前記のマリー・アントワネットはオーストリア人とか、フィリップ殿下はギリシャ人と書いたが、これは正しくなく、「オーストリア人だった」「ギリシャ人だった」が正しい。それぞれ結婚してフランス人、イギリス人になったのだろうから。つまり「〇〇人」というのは、単に人為的な法律上の区分に過ぎない。

かつて江戸幕藩体制のころ、藩を越えての人びとの交流はほとんどなかった。当然、藩によって言葉も違い風俗も違って、それぞれ特色があった。それが最近では、人びとは人生の中で幾度も普通に県を越えて引っ越したり、他県の人と結婚したりするようになり、都道府県ごとの特徴は薄まってきた。当然、県に対する帰属意識は弱い。国民体育大会で、自分が居住している県が優勝したからといって特段うれしいわけではないし、都道府県別で争う意味があるのかという意見もある。

先に述べたように、さまざまな民族が混じり合うケースは今後増えこそすれ、減っていくことはありえない。筆者は一九六四年の東京オリンピックで、バレーボールの東洋の魔女やマラソンの円谷幸吉選手の活躍に胸躍らせ、子供ではあったが心の中のささやかなナショナリズムに酔った。

しかし、長い目で見れば、ちょうど国体のように、おそらくオリンピックも国別に争うことの意義はあるのかということになっていくだろう。そのことは、少し寂しい気がしないでもないが。

一方で、二〇一九年のラグビーワールドカップでの日本チームの活躍は、やはり多くの人を感動させた。あのチームには多様な人たちがいた。要するに、民族や肌の色が違っても、「日本チーム」という一つのチームとして戦っているのであり、そのことが人びとを熱狂させるのではないか。そんなところに、むき出しの民族主義は全く必要ない。いろいろな日本人がいてもいい。

こういう話になると、いつも思い出すのがある非日本人ようぼくの言葉である。「親神の目から見たら、人間が作ったルールの『〇〇人』などなく、地球上にいるのはただ親神と人間、それだけだと思う」。本当にその通りだと思う。

（2021年8月号）

政治と宗教の関係

安倍晋三元首相が殺害された事件以後、にわかに二つの問題がクローズアップされてきた。一つは政治と宗教の関係、今一つはカルト教団問題である。このうち、特に前者の問題を考えてみたい。政治と宗教を完全に分離するのは難しいが、適度な距離はお互い保つべきだろうと思う。

いわゆる政教分離の問題は、イランなどのイスラム国家を除くいわゆる世俗国家にとっては、どこも悩ましい問題である。つまり、どの国でも風俗、習慣、祭礼などで宗教が関係していないものはほとんどなく、どこまで国がそれに関わることができるのか、線引きが難しいのである。

日本でも再々議論を呼ぶ。四年前、天皇陛下（現上皇陛下）の譲位と新天皇の即位に関して、秋篠宮が新天皇の即位に際して行われる大嘗祭を国家予算で執り行うのは、憲法の政教分離の趣旨からいってどうなのかと疑問を呈された。天皇家の行事として、内廷費つまり天皇家の私的な予算から支出すべきではないかとおっしゃり、物議を醸したことがあった。

また、かなり以前に「津地鎮祭訴訟」というのがあった。公共事業を行う際に、宗教行事である地鎮祭を市が予算を使って行ったのは憲法違反だと住民が訴えたのである。

以前にも述べたが、フランスも政教分離を国是とする。それもかなり厳格に守られている。過去には国家元首でもあるローマ教皇が来仏した際、大統領が公用車で迎えに行き問題になったこともある。現在、フランスでは年末、市などが街中に「メリークリスマス」といった掲示をすることは避けて、「楽しい年末のお祭りを」などとなっている。よく知られているように、イスラム教の女子学生が学校にスカーフを着用してきて大きな問題となったこともある。ちなみに、国が大株主であるエールフランスの座席列番号十三は抜けており、十二の次は十四となっている。十三を忌み嫌うのはキリスト教の習慣ともいえるが、これは仕方がないだろう。

筆者はもちろんキリスト教徒ではないが、正直、少し大人げないと思うこともある。それはフランスで、ある年のクリスマスの日、ある公立の病院で、せっかくのクリスマスを家族と過ごすことのできない小児科病棟に入院している子供たちに、病院の職員がサンタクロースに扮してプレゼントを渡していった。それが公立病院だから政教分離に反しているという声が上がったのだ。読者は、どうお考えになるだろうか。

政治と宗教の関係については、本教も戦前、国に厳しく干渉されたという忌まわしい記憶もあり、敏感にならざるを得ない。ただ、そもそも現在の神道は一般でいう「宗教」なのかという疑問もあり、各地の伝統的な祭りの保存や伝承に国や地方公共団体が一定程度関わることについては、おおらかであってもいいと思う。

逆に、宗教が国をコントロールするようになることは非常に危険だろう。ヨーロッパの場合、ローマ教皇と国王は常に前者が上位にあった。十八世紀末に起こったフランス革命は、一つにはカトリックの聖職者の特権を剥奪するものでもあった。そして早くも一九〇五（明治三十八）年には、フランスで「政教分離法」が成立する。

イスラム教の戒律が厳格に守られているイランなどは、大統領よりイスラム教の最高指導者の方が権力は強い。つまり国家すなわちイスラム教ということになる。ただ、そのイランでも最近、変化が起きている。去る九月、スカーフの着用の仕方が不適切だとして当局に捕まった二十二歳の女性が、その後死亡した。この事件をめぐってイラン全土で反体制のデモが起きた。これは革命的なことだろう。サウジアラビアでも徐々に女性が解放されつつある。

政治は「権力」であるが、宗教はそれと一線を画して「権威」であるべきだ。そして、宗教には国家権力の暴走をチェックする役割も期待される。今次のロシアのウクライナ侵攻も、本来はロシア正教が非難の声を上げ、政府を制止してしかるべきであった。しかし、残念ながらロシア正教最高指導者であるキリル総主教はプーチン大統領を支持している。

権威とは、すなわち人びとが「畏れる」存在ということでもある。この権力と権威を分ける体制は、組織がバランスを保ち永続するための、いわば人間社会の知恵でもあると思う。日本が他にほとんど類を見ない、一度も王朝（皇室）の系統が変わらないで今日まで続いてきたのは、日本の歴史の中で天皇が権力を握ったのは戦前などごくわずかな期間だけで、ほとんど天皇は五穀豊穣や国家の安寧を祈る権威の存在であったことがあると思う。

本教を信仰する国会議員はおられるかもしれないし、そのこと自体は何ら問題はない。また本教の信者が個人的に特定の議員を応援する、あるいは本人が政治家になることも全く構わない。筆者も親しい国会議員の方はいる。

しかし、本教が教団として特定の政党を支持することはしていないし、さらには、時には宗教がその正体を隠してまで戦略的に政権与党に近づくなどは論外だと思う。

（2022年12月号）

第3章

偉大なるこの道

教理に基づく救援活動

去る四月、国会の参議院で本教の災害救援ひのきしん隊（以下、災救隊）が取り上げられた。さらに五月には、衆議院でも話題になった。

世にボランティア団体はたくさんあるが、災救隊の特長は完全自己完結型ということだろう。つまり寝る所、食べる物もすべて自前で賄う。民間で、このような態勢で救援活動を行う団体は、他に類を見ないだろう。

以前、災救隊がメディアで大きく報道されたことがある。今から六年前、東日本大震災の直後である。日本のメディアではない。世界最大のニュースネットワークであるアメリカのＣＮＮである。放送ではなく、そのウェブサイトに大きく、しかも正確に掲載された。これはその後、『天理時報』でも報道されたので、記憶されている方も多いだろう。

記事を書いたのは、当時、アメリカ東海岸にあるノースカロライナ大学の准教授であったバーバラ・アンブロス女史である。

海外部次長であった筆者は早速、アンブロス女史に連絡した。ちょうど、三カ月後に来日する予定があったので、おぢばに来てもらい、天理大学の学生らに講演してもらった。

その際、筆者は彼女に「先生は、なぜ本教の災救隊を、あのように大きく取り上げてくださったのですか?」と、直線的な質問を投げかけた。それに対する彼女の返答は、おおむね以下のようであった。

「今回の大震災で、日本の多くの宗教団体がボランティア活動をしています。しかし日本のメディアは、それを全く報道しない。それならばと、CNNが取り上げることにしたのです。そこで、日本宗教の研究者である私に白羽の矢が立ち、記事を書くことになりました。その際、まず私の頭に浮かんだのが、天理教の災救隊でした」

彼女は、天理教のことをよく研究していた。ちなみに、偶然だが彼女は、本教が運営するニューヨーク天理文化協会で日本語を学んだ経験があった。

ところで、災救隊が組織化されるようになったのは、一九七〇年前後である。愛知教区を皮切りに順次各教区隊が結成され、青年会本部では結成要項が作成される。やがて、管轄が青年会からよのもと会(当時)へ移管され、「天理教災害救援ひのきしん隊○○教区隊」という正式名称も決定する。

しかし、実際の活動が始まったのは、今をさかのぼることおよそ百三十年、一八九一（明治二十四）年である。この年、十月に起こった濃尾地震に、南海支教会（当時）の信者らが救援に駆けつけたのを嚆矢《こうし》とする。以来、数々の自然災害の現場で活動している。

今日、災害があると多くの人びとがボランティア活動に駆けつける。本当によいことだと思う。ただ多くの場合は、災害に苦しむ被災者の姿を見て湧き上がった、少しでもたすけたいという感情がその動機であろう。それは決して悪いことではない。むしろ崇高なことだ。

一方、本教が早くからこういった活動をなし得てきたのは、大きく二つの理由によると思う。一つは教会、教区などの組織が整備されていること。今一つは、教理的な裏づけがあることだ。個人レベルならともかく、組織的に、しかも長く継続してこの種の活動を続けていくには、何らかの理論的根拠がないと難しいのではないか。

その教理とは、言うまでもなく「かしもの・かりもの」、そして、それと表裏一体をなす「ひのきしん」。さらに、「おかきさげ」にある「救ける理が救かる」という教理だろう。

読者諸兄には、いささか釈迦に説法の感はあるが、それを承知のうえで、あらためて、これらの教理を考えてみたい。

「かしもの・かりもの」とは、この体は親神からの借りもの、親神から言えば貸しものであるということだ。今、目が見える、口が利ける、手が動かせるのはすべて、親神の守護による。それを自覚したならば、おのずと親神に対する感謝の念が湧いてくる。一般的に神仏に金銭を供えることを「寄進」という。金銭ではなく、借りている体を使って神に対する感謝の念を形に表す「日々の寄進」、すなわち、それが「ひのきしん」だ。無論、難儀している人を見て、たすけずにはおられないという感情もあるだろうが、同時にこのように神への感謝もある。そういう意味では、外形的にはボランティアとひのきしんは同じだが、動機がやや異なる。

もう一つ、「救ける理が救かる」。一般にも「情けは人のためならず」という諺がある。これは、困っている人に情けをかけることは、やがて巡り巡って自分に返ってくるという意味である（昨今は、違う解釈をする人もいるようだ）。

これと道の教理は、似て非なるものだと思う。「救ける理が救かる」とは、人をたすけるという行為が親神に受け取られ、自分の徳となって魂に積まれていく。それを教祖は「天に届く理」と表現されている。そしてその積んだ徳、つまり天に届いた理が、やがて自分が苦難に陥ったときに、たすかるもととなるということだと思う。

ひのきしんの教理とともに、人から人への、いわば横の行為が神との縦関係の中に昇華され、「あなた」はもちろん「私」もたすかる。つまり「神」「私」「あなた」が、神を頂点とした二等辺三角形のような関係になるのだと思う。

教理に基づいた実践は信仰の要諦だろう。

（2017年7月号）

宗教的儀式と女性

少し前のことだが、相撲にまつわることが何かと話題になった。

舞鶴で行われた巡業の際、あいさつに立った市長が土俵上で突然倒れ、その救命活動のため女性の看護師が土俵に上がった。そのとき「女性は降りてください」と場内放送されたことから、騒ぎが広がった。

「なぜ女性は土俵に上がってはいけないのか、そんな古臭い伝統はもうやめるべきではないか」「いや、伝統だから、これからも守っていくべきだ」などと論争になっている。ここで少し、その理由を考えてみたい。

なぜ、女性は土俵に上がってはいけないのか。そもそも相撲はスポーツではなく、神事だという。それゆえ、今でも本場所が始まる前日には「土俵祭」を行い、祝詞を上げ、縁起物を土俵中央に埋める。横綱は、通常神域を表すものであるしめ縄を、自らの体に張っている。土俵は、そういう神事が行われる神聖な場所であるから、女性は上がってはいけないのだという。

神仏の祭礼を行う場所から女性を遠ざけるのは、何も相撲に限ったことではない。日本を代表する祭りである祇園祭では、山鉾巡行時、女性は鉾に乗れない。現在、宵山（巡行前夜）などでは多くの鉾に女性も乗れるが、かつては全く乗れなかった。それどころか、今でも巡行の引き手も女性はご法度である。

仏教でも、女人禁制のところが多かった。高野山には、今でも「女人堂」といわれる所がある。かつて、女性はそこまでしか登ることを許されなかった。

西洋でも、神事において女性を遠ざける伝統はある。カトリックは現在でも、女性司祭は認めていないし、ロシア正教やギリシャ正教も同様である。

ユダヤ教の聖地である「嘆きの壁」は、男性と女性の礼拝する場所が仕切りではっきりと区別されており、女性の礼拝場所の面積は、男性のそれと比べてはるかに狭い。ちなみに、イスラエルの現政権は昨年一月、男女が一緒に礼拝できるようにしようとしたが、反対派の声が強く、現時点で実現の見通しは立っていない。

なぜ、洋の東西を問わず、宗教的な儀式から女性が遠ざけられるのだろう。諸説があるようだが、最大の理由は、女性の生理（月経）にあると言われる。体外に出た血液が不浄と考えられ、さらにその機能を持つ女性そのものが不浄と見なされるようになったのだろう。

旧約聖書には「女性の生理が始まったならば、七日間は月経期間であり、この期間に彼女に触れた人はすべて夕方まで汚れている。生理期間中の女性が使った寝床や腰掛けはすべて汚れる。彼女の寝床に触れた人はすべて、衣服を水洗いし、身を洗う。その人は夕方まで汚れている」（新共同訳）と記されている。

インドの代表的な宗教であるヒンドゥー教でも、保守的な家庭は今でも、生理中の娘が庭の片隅の小屋にむしろを敷いて寝起きすることがあるという。その教典であるマヌ法典には、「月経中の女と語ってはならない」と書かれている。

なぜ、これほどまでに生理を不浄なものと考え、女性を遠ざけるのか。これにも諸説があるようだ。

民俗学を専門としている、ある大学教授に教えていただいたところによると、一つには、生理で体外に出た経血には雑菌が多く含まれており、たとえば生理中に男性と接触すると、感染症にかかる危険性が高い。女性自身も生理中は免疫力が落ちている。今ほど医学が発達していない時代、誰かが感染症にかかることは一大事であった。だから生理中の女性は、人が多く集まるところへの出入りを避けねばならない。そして人が集まることといえば、多くは宗教行事だった。したがって、女性は宗教行事から自然と遠ざけられ、同時に、女性そのものが不浄と考えられるようになったのではないか、と言う。

幕末、まだ迷信や言い伝えといったものが強く信じられていたころ、教祖は、女性の生理について、「花が咲かずに実のなるものは、一つもありゃせんで。そこで、よう思案してみいや。女は不浄やと、世上で言うけれども、何も、不浄なことありゃせんで。男も女も、寸分違わぬ神の子や。女というものは、子を宿さにゃならん、一つの骨折りがあるで。女の月のものはな、花やで。花がのうて実がのろうか。よう、悟ってみいや。（中略）何も不浄やないで」（『稿本天理教教祖伝逸話篇』一五八「月のものはな、花やで」）と述べられた。

世界中の人が不浄だと言い伝えてきた生理という現象を、教祖は美しい花にたとえられ、女性は決して不浄ではなく男女は平等だと宣言された。そして、男性と女性が一緒になって、つとめを勤めることを教えられた。その教え通り、本教のつとめは、ぢばで勤められるかぐらづとめはもとより、国々所々の教会においても男女が共同で執り行う。

それぞれの宗教や社会には長らく守られてきた慣習があり、その良し悪しを言うつもりは全くない。ただ、教祖の教えは、極めて画期的かつ開放的と言えるのではないだろうか。

最後に余計かもしれないがひと言。だからこそ、本教のいろいろな組織の中に、もう少し女性の役職者が増えてもいいのではないかと筆者は思う。

（2018年7月号）

をびや許し記念日

今年も間もなく、十一月五日「世界津波の日」がやってくる。これは二〇一五年に国連本会議で日本が起案して採択されたものである。

なぜ、この日が「世界津波の日」になったかというと、嘉永七（一八五四）年十一月五日、近畿地方を中心に、のちに安政南海地震と呼ばれる大地震が発生した。その際、津波が襲ってくるのを予測した紀州の濱口梧陵という人が、村人を避難させようと高台にあった稲の束に火をつけた。驚いた村人が消火のため駆け上がったところに津波が押し寄せ、難を逃れたという逸話にちなんで制定されたものである。

国内的には、この日は「津波防災の日」として「津波対策に関する国際協力の推進に資するよう配慮しつつ、その趣旨にふさわしい行事が実施されるよう努めること」と内閣府のホームページに書かれている。

同時に、この嘉永七年十一月五日という日は、歴史上初めて「をびや許し（厳密には「をびや許しの始め」）」を頂いた妊婦が子供を産んだ日でもある。われわれ道の信仰者にとっては、いわば〝をびや許し記念日〟である。

『稿本天理教教祖伝』には、そのときの様子が次のように描写されている。

「嘉永七年、教祖五十七歳の時、おはるが、初産のためお屋敷へ帰って居た。その時、教祖は、

『何でも彼でも、内からためしして見せるで』

と、仰せられて、腹に息を三度かけ、同じく三度撫でておかれた。これがをびや許しの始まりである。

その年十一月五日出産の当日、大地震があって、産屋の後の壁が一坪余りも落ち掛ったが、おはるは、心も安く、いとも楽々と男の児を産んだ。人々は、をびや許しを頂いていれば、一寸も心配はない。成程有難い事である。と、納得した」

言うまでもないが、生まれた子は亀蔵と名づけられ、のちに生まれ替わって眞之亮となり、初代真柱となられる。

日本ではここ数年、地震が頻発し甚大な被害をもたらしている。去る九月にも、北海道で

震度七という巨大地震が発生したばかりだ。地震以外にも、このところ大雨や台風、火山活動の活発化など、なんとなく気持ちが悪い。

しかし、この嘉永から安政にかけてのころは、次々と大地震が起こっており、その惨状たるや現在の比ではなかった。

まず同年六月十五日、おぢばからそう遠くない伊賀上野を震源とする大地震が起こり、翌日もその余震と見られる地震が起こっている。一連の地震で大和（現在の奈良県）では数百人が亡くなっている。

続いて十一月四日、駿河湾から遠州灘沖、熊野湾辺りを震源とするマグニチュード八くらいの大地震が起こる。これが安政東海地震と呼ばれるものだ。この地震による死者は数千人に達したといわれる。このとき、房総半島沿岸から土佐湾にかけての広い地域で津波も発生し、停泊中のロシアの軍艦が沈没した。

そして翌五日、先に述べた大地震が発生する。このときは紀伊水道から四国沖の海底を震源とし、津波も押し寄せ、やはり数千人の死者が出たといわれる。おはるが子供を産んだのは、この二日続きの大地震の渦中なのである。

災害はまだ続く。翌年には江戸で大地震が発生する。

当時、天変地異が起こるとよく年号を変え、災厄を治めようとした。このときも同様で、南海地震の後、幕府は年号を安政とする（したがって六月と十一月の地震は「嘉永地震」と呼ぶべきであるが、一般的に同年一月一日からを安政元年と解釈し一連の地震を「安政の大地震」と呼ぶ）。先述したように、それでも江戸で大地震が起こり、庶民の間では「安政と思ひのほかの大地震　こんなことなら嘉永でもよし（安静に過ごせると思ったにもかかわらず、また大地震が起こり、こんなことなら（元号を）変《か》えい（「嘉永」と「変えなく」を掛けている）でも良かった」といった戯れ歌まで流行った。もうこの世の終わりかと、人びとは戦慄を覚えた。度重なる天災に、よほど恐怖にさいなまれたのだろう。天罰ならば、どうか治まってほしいという切なる願いから、現在の天理市岸田町などには慰霊碑が建てられ、今も残っている。

わずか二年の間に、阪神・淡路大震災や東日本大震災クラスの地震が四度も起こったのだから、当時の人びとの恐怖たるや想像に難くない。

親神様は、この大惨事ともいえる状況の中で、おはるに出産させられた。ご守護の偉大さを如実に示されたのだろう。『稿本天理教教祖伝』で読む限り、出産の模様は淡々と記されているが、時には読み深め、資料などで当時の状況を探ることが大切だ。生々しい様子をうかがうことができ、当時の人びとの信仰のありようも垣間見えてくる。

十一月五日は「世界津波の日」として世界中の人びとに記憶されていく。その大惨事の最中、大和の片田舎で、神の働きに守られて心穏やかに安産した人がいた事実を、道の信仰者は長く記憶にとどめ、世の人びとに伝えていかねばならない。

（2018年11月号）

おてふりは教理の視覚的表現

去る四月、世界遺産でもあるパリのノートルダム寺院が火事で焼けた。以前、ノートルダムという名の教会はフランス国内にたくさんあると書いたが、一般的にノートルダム寺院（あるいは大聖堂）といえばここを指す。

ノートルダム寺院は、フランス人にとって物理的な中心である。たとえば高速道路などで「パリまであと○キロ」などと書かれている場合、この教会の前庭にある基準点から計算している。この教会はシテ島というセーヌ川の中の島に建てられており、そもそもパリはその昔、このシテ島に住んでいた民族を始まりとし、今もパリ市は、ここを中心にほぼ同心円状に広がっている。

同時に、精神的にもフランス人の中心である。かつてフランスは「カトリックの長女」といわれるほど、国民の九割以上がカトリックの信者であった（「長女」というのは「フランス」が女性名詞だから）。そのフランスにおけるカトリックの、いわば総本山がノートルダム寺院である。

ビクトル・ユゴーの小説の舞台となるなど世界的にも有名だが、フランス人にとっては、このように国の象徴と言っていいだろう。訪れる観光客が最も多いのも、ルーブル美術館でもエッフェル塔でもなく、この教会だ。それだけに、フランス人にとって火災の衝撃は計り知れないものがある。長年パリに住んだ筆者にとっても、とてつもなく悲しい出来事だ。

この原稿を書いている時点では、その被害の全容はよく分からないが、おそらく美しかったステンドグラスの多くが焼け落ちたのだろう。カトリックの教会の窓は、よくステンドグラスで彩られている。そしてそこには、聖書の物語の一節が描かれていることが多い。だから、聖書を読んでから見学に行くと、絵の意味するところが分かって面白い。これはかつて、読み書きができなかった一般の信者のために、絵で教理を伝えたことによる。

また、今回焼けたノートルダム寺院の祭壇の背後をぐるっと回ると、イエスの生涯が表現された木造のレリーフがあった。ちょうど漫画のコマ送りのようにして、誕生以前から始まって「最後の晩餐」、磔刑、そして復活に至るまでを誰にでも分かるようにしてあった。これもおそらく、信者たちに視覚的に教理を分からせようとしたのだろう。これも焼失してしまったかもしれない。

さて、あらためて教祖のことを想う。教祖は教理を、『おふでさき』で文字をもって教えられると同時に、手振りにも表現して教えられた。

話はややそれるが、筆者は日本語の分からない外国人信者におてふりを教えることの難しさを散々味わった。だから、個人的にはいずれ、『みかぐらうた』も各国語に訳された方がいいと思う。これについては、「みかぐらうたは〝おやさま語〟だから、訳すべきではない」という意見もある。しかしそれなら、『おふでさき』も訳すべきではないが、『おふでさき』の翻訳版に反対意見があるとは聞かない。だから、『みかぐらうた』を訳していないのは、信仰的な問題というよりも、訳すと歌の文句と手振りが合わなくなるという技術的な問題があるからだろう。

それはさておき、現在いまだ世界共通語がない中で、世界の人に同時にその意味を理解させようと思ったら、視覚的に表現するしかないのではないか。たとえば国際空港は、トイレ、到着ロビーなどをピクトグラムという絵で表現してある。また、スポーツの審判を見ても明らかだ。審判は世界中の言葉が話せるわけではない。だから、柔道でもラグビーでも、審判はジェスチャーで表現する。

おてふりも同じではないか。教祖は、これで視覚的に教理を表現された。文章では表しにくいが、たとえば「まいたるたねハみなはへる」（七下り目　八ツ）の手振りは、種を蒔く動作をし、胸を手で押さえ、円を描き、芽が生え出る動きをする。手振りをしながら「おぢばに蒔いた心の真実の種は、すべて芽を出すのだ」と説明すれば、おそらく日本語を解しない人にも分かる。

もちろん、洋の東西で表現法が違う場合がある。たとえば「来い」という動作は、おてふりでは手の甲を上にするが、欧米では通常、手の平を上にする。しかし動作の違いは、言葉の違いに比べれば、はるかにそのギャップは小さいのである。そして仮に、将来、文句が訳されても手振りは変わらないだろう。

加えて、楽器を演奏するのに言葉の違いは何ら問題にならない。海外拠点の祭典では、日本語が分からない多くの教友たちが拍子木をたたき、琴を弾いておられる。こうして言葉の通い合わない人たちでも、おつとめは一緒に勤めることができる。現に本部の朝づとめ後、教祖殿でのまなびは、さまざまな国の人たちが一緒になって踊っている。

陽気ぐらし世界の建設には、世界の人が教理を理解し、心をそろえるよりほかに道はない。

その最良の方法が、おつとめなのではないか。

世界の隅っこの、その日本のさらに片田舎、大和の一農家の主婦であられた中山みきという人が、世界の人が一緒に勤められる、実に珍しい「おつとめ」をつくられた。このことは、どう考えても奇跡ではないか。

（２０１９年７月号）

樺太の道と戦争

先ごろ、ある議員が北方領土を「ビザなし交流」で訪れた際、元島民で訪問団の団長も務めていた人に対して、島を取り返すには「戦争しないとどうしようもなくないですか」といった発言をした。これを問題視した与野党は、衆院本会議で、同議員に対する糾弾決議を全会一致で可決した。

「戦争」は、私たちの目指す「陽気ぐらし世界」の対極にあるものであろう。発言は言語道断であり、看過できない。

ただ、民主主義には言論の自由がある。刑事罰を受けたのならともかく、いかなる意見でも、それが原因で強制的に議員の立場を剥奪することはできないと思う。これは極めて重要な点だ。なぜなら、意見を表明して処罰されるとなると、時の為政者が自分に都合の悪い考えを持つ者を弾圧することにもなりかねないからである。それはそれで恐ろしいことである。フランスの哲学者、ヴォルテールは「あなたの意見には反対だが、あなたがそれを主張する権利は命を懸けて守る」と述べている。これが民主主義である。

思えば戦前まで、本教はまさに為政者によって、いわれなき迫害を受けたのであり、当時の教友たちは、そうした艱難の中を生きられた。あのようなことは二度と繰り返してはならない。

今回、本人は自発的な議員辞職は否定している。ならば他の議員には、国会の議論の中で、これが誤った考え方であることを明らかにしてほしい。

ところで、北方領土ではないが、筆者は樺太（サハリン）を訪れたことがある。八年前、北海道教区が企画した同地での慰霊式の旅に同行させてもらった。言うまでもなく戦前、南樺太は日本の領土であった。かの地には戦争中使用されたトーチカが今も残り、戦前に稼働していた日本の製紙会社の工場跡は廃墟となって、その痛々しい姿をむき出しにしていた。

今でも多くの道路が舗装されておらず、全体的に疲弊した様子であった。

本教は戦前、この樺太にも教線を伸ばしていた。一行の参加者の中には、幼少時、樺太にいたという方もいて、懐かしそうに風景を眺めておられたのが印象的であった。また、樺太にあった教会にゆかりのある方々もおられた。

記録によると、昭和十二年、樺太からの初席者は七十三人を数え、天理教校別科（修養科の前身。六カ月間）を十四人が卒業している。太平洋戦争が近づきつつある昭和十五年でも初席者は七十四人、別科生は十四人を記録している。同地には教会も次々と設立され、最盛期には五十五カ所を数えた。驚くのは、戦争真っただ中の昭和十八年四月にも、九人の修養科生（昭和十六年に別科が廃止され、修養科新設）が在籍している。

日本の領土でなくなったこともあるが、今もそう簡単に行ける所ではない。いわんや当時、日本人にとって北の最果てであったかの地から、おぢばへ帰ってくるのに、かなりの困難を強いられたであろうことは想像に難くない。しかし、朝鮮半島などもそうだが、道の勢いは距離の隔たり、条件の悪さをものともしなかった。

掛かる経費の多寡で信仰の堅固さを量るのはどうかと思うが、一つの参考にはなる。『新・樺太伝道物語　サハリンへ渡った伝道者たち』（天理教北海道教務支庁編）の中に、明治四十五年ごろ豊原（現ユジノサハリンスク）からおぢばまで片道十九円掛かったという記述がある。当時の大卒初任給と現在のそれとの比較を基に計算すると、現在の金銭価値で十五万円くらいになるだろうか。日数は四、五日掛かったという。それにおぢばでの滞在費、帰りの旅費等が掛かるから、かなりの出費だろう。ちなみに、今十五万円出せば、安い航空チケットならヨーロッパ、あるいはアメリカの諸都市まで往復することができる。

加えて、樺太の冬は極寒である。おそらく相当の覚悟でなければ、おぢばへ帰ってくることはできなかっただろう。それでも信仰を求めて人びとはおぢばへ帰ってきた。

そのうちの一人、岡田佐平は樺太教区の二代教務支庁長（当時の呼称）に任命され、教務支庁は教会内に置かれたことから北蝦夷分教会の名称の理も戴くことになった。お目標の拝戴など奉告祭の準備のため、おぢばに滞在している間に終戦。旧ソ連軍の侵攻により現地へ戻れなくなり、そのまま二度と樺太の土を踏むことはなかった。

終戦直後の樺太在住者の悲惨さは語り継がれている。ある教友が、引揚船が魚雷攻撃を受けたときの模様を、生存者からの聞き書きとしてこう記している。「キーンという音が聞こえてきたと思った瞬間、家族が、兄弟が、子供達が吹っ飛んだ。手のない人、首のない身体、足だけの人、赤ちゃんの泣き声、『母さん母さんー』と叫ぶ声、子供の名を呼ぶ声、『助けてー』と叫ぶ声が飛び交う。一瞬の出来事であった。（中略）やがて、海面に漂って助けを求める大勢の人の中に浮かび上がった潜水艦は、機銃掃射を浴びせて全員を虐殺したのち悠々と姿を消した」（『大地を駆ける伝道者たち』北海道教務支庁編）。

戦争によってもたらされるものは、狂気、残酷、暴虐しかない。

（2019年9月号）

女性の社会進出

最も厳格なイスラム国家であるサウジアラビアが、このところ変わってきている。同国のムハンマド皇太子が国の改革を進めている。筆者は知らなかったが、マッカ（メッカ）というイスラムの聖地がありながら、これまで外国人が観光で入国することはできなかった。これが昨年九月に解禁された。また、世界で唯一、女性の車の運転が禁じられている国だったが、こちらも二〇一八年六月に解禁され、女性も運転できるようになった。さかのぼって二〇一五年には、初めて地方議会における女性の選挙権と被選挙権も認められた。これらの変化は、女性たちにとって喜ばしいことだろう。

一般的にイスラム社会では、女性が解放されているとは、まだ言い難い。たとえば水着などを着用して肌を露出することが禁じられていたり、結婚以前に男性と性的関係を持った女性が実の父親や兄などに殺されたりする、いわゆる名誉殺人が行われているところもある。

筆者は在仏中、オランダに住むイスラム系移民の若い女性を、依頼を受けて一カ月ほど預かったことがある。彼女は、結婚相手さえ父親が決める保守的な家庭に嫌気が差して家出してきた。居場所が見つかると、どのような仕打ちを受けるか分からないとおびえていた姿が記憶に残っている。フランスでは、イスラム教信者の女性が男性医師の診察を拒絶することが社会問題となったこともある。


各文明圏には特有の慣習があり、それをとやかく言うつもりはないが、結果的に、イスラム圏の女性の社会進出は他に比べて遅れている。

ただ、そういう意味では、日本もあまり偉そうなことは言えない。二〇一九年十二月に世界経済フォーラムが発表した報告書によれば、男女格差の少ない国の順位で、日本は百五十三カ国中百二十一位であった。日本の前後はアラブ首長国連邦、クウェートなど中東のイスラム国家やアフリカ諸国だ。企業に占める女性役員の比率は、ＯＥＣＤ（経済協力開発機構）加盟国など主要四十三カ国の中で四十一位。別の調査では、女性の国会議員比率は、百九十三カ国中百六十五位と惨憺たる結果である。

日本には日本の伝統的美徳があるし、それは必ずしも否定されるべきではないと思うが、一方で、もう少し女性が社会で活躍しやすい環境はつくるべきだと思う。

先ごろフィンランドの首相に三十四歳の女性が就任した。それだけでなく、閣僚十九人のうち十二人が女性である。また、ニュージーランドの首相は三十九歳の女性である。世界では、政治だけでなくスポーツや学術分野でも女性の進出が著しい。これは本当にいいことだと思う。

一七七六年、イギリスからアメリカが独立したことに伴って、「独立宣言」が発布される。さらにその後、一七八九年にはフランス革命が勃発し、「人間と市民の権利宣言（フランス人権宣言）」が出された。後者はアメリカの独立宣言に影響されたものであった。いずれも初めて、人間は皆生まれながらにして平等であるという概念が盛り込まれた。つまり、今で言う基本的人権を謳ったものである。ただし、この平等はあくまでも白人男性間であって、男女も平等とは認めていない。女性に対する差別は、いまだ厳然として残っていた。

一九〇四年、日本の年号で言うと明治三十七年の三月八日、アメリカ・ニューヨークで女性たちが参政権を求めてデモを行う。のちに、この日は女性の権利向上を目指した象徴的な日として「国際女性デー」となるのだが、このころから徐々に男女は平等であるという声が高まっていく。そしてアメリカでは、州によって違うが、一九一〇年ごろから女性参政権が認められていく。ちなみにフランスでは大きく遅れて、国が女性参政権を認めたのは、日本と同じ一九四五（昭和二十）年である。

この教えは、中山みき様という一人の女性から始まった。そして、その教祖は一八七五（明治八）年、つまりニューヨークで女性の権利を求める運動が起こる約三十年も前に、すでに『おふでさき』の中で「この木いもめまつをまつわゆハんでな　いかなる木いも月日をもわく」（七　21）と、神の御用に携わるのに全く男女に差はないと教えられている。

さらに時代が下って、明治三十一年三月二十五日には、有名な「一時女、婦人会として始め掛け」という婦人会結成の契機となった『おさしづ』が出される。そして婦人会に関わる一連の『おさしづ』が続き、三月三十日には「女でも理さえ治まりてあれば、どんな事でも出けるで〳〵。この道、男だけで、女は世界へ出さんのか」と神は厳しく迫られる。

これらの『おさしづ』について、真柱は「当時のまだまだ封建的な社会状況もあってのことでしょう。（中略）元来、男女の隔てはない、男と対等の働きができるのだと、繰り返しお述べになっています」（※）と述べておられる。神は、女性が大いに活躍することを促しておられる。

この一連の『おさしづ』を拝するたびに、筆者は震えるような感動を覚える。今年、天理教婦人会は創立百十周年を迎える。

（2020年2月号）

※天理教婦人会第95回総会におけるお話（2013年4月19日）

今こそ、ぢばに心を寄せよう

新型コロナウイルスの感染が世界に広がり、この原稿を書いている時点では一向に終息の兆しが見えない。第二次世界大戦以降、人類にとって最も深刻な事態だろう。世界中で外出制限が実施され、映像で見るニューヨークやパリ、ロンドンなどは、さながらゴーストタウンだ。四月七日には日本政府も七都市を対象に緊急事態宣言を出し、十六日にはそれを全国に広げた。

おぢばでは三月月次祭、教祖誕生祭、四月月次祭が、一般の方の参拝を遠慮してもらって勤められた。誕生祭は通常、海外からの帰参者も多い。中庭では祭典後、ご誕生を祝う参拝者の大合唱が行われる。それが、今年は寒々しい、寂しい祭典になった。さらに学生会、婦人会総会など各種行事がほぼすべて中止となり、親里から学生たちの歓声も消えてしまった。

この事情に対する神の思召は何なのか。軽々に言うべきことではないが、一人ひとりが真摯にわが信仰を見つめ直し、ともに一日も早い事態の収束を祈らせてもらいたい。

コロナ禍であらためて、地球はわれわれが思っているより、はるかに狭いことが分かった。現代は国を越えて自由に人びとが行き来する。その分、ウイルスの蔓延も早い。そして、どれほど核兵器を開発してもミサイルを製造しても、人類は直径わずか一万分の一ミリほどの小さなウイルスにもかなわないことも分かった。だからこそ、人類は一つの家族であることを認識し協力し合うことが、いわば宿命づけられていると思う。

この未曾有の惨事の中で、国家間のたすけ合いも見られた。普段、何かと衝突することの多いアメリカとロシアだが、今回ロシアがアメリカに医療物資を援助した。日本政府は、治療薬として期待されるアビガンを多くの国に無償提供する意向だ。ペルーで足止めされた日本人旅行者が、在ペルー台湾代表部が台湾人のために手配したチャーター機に乗って出国。日本政府は台湾に謝意を表した。

この災いは、宗教と医療の関係も世界中で大きくクローズアップさせた。二月、韓国では、キリスト教系新興宗教団体の祭典で集団感染が発生した。三月にはマレーシア・クアラルンプールのモスク（イスラムの礼拝所）での集団礼拝で、やはり集団感染が発生した。このモスクにはブルネイ、インドネシアなど周辺諸国からも信者が集まっており、彼らが帰国後、それぞれの国でも感染を広げてしまった。ロシア正教はミサの際、信者がイコン（イエスやマリアなどを描いた聖画像）に次々と接吻をする。これがウイルスを拡散させるのではないかとニュースで報じられた。

こうした状況を受けて、多くの国が宗教に対して集団での礼拝禁止や自粛を要請した。折しも、キリスト教にとって最も重要な祭典である復活祭の時期であったが、カトリックの総本山であるバチカンに信者の姿はなかった。ローマ教皇は、広大なサン・ピエトロ寺院の中にぽつんと立って静かにミサを行い、その模様をインターネットなどで世界へ配信した。

一方で、イスラエルのユダヤ教正統派といわれる人たちは、集団による礼拝の自粛を拒否。そのことが国内に感染を広げてしまう結果となった（その後、自粛した）。

ちぱで勤められる「かぐらづとめ」は、世界のたすかりを祈念するものである。このつとめで世界はたすかる。そのことはわれわれの信仰にとって、揺るがせにできないことだ。しかし、だからといって信仰が医学を妨害するものではない。

教祖は、『おふでさき』の中で、「しゆりやこゑにいしやくすりを」（九　11）と、医学は信仰を補完するものと教えられた。さづけの理を拝戴した直後に受ける仮席では、伝染病に罹患した人に対して、さづけを取り次ぐことは対策を妨げることになりかねないので、教会で身上の快癒を祈る方法もあると教えられる。

確かに明治三十二年に日本でペストが流行したとき、警察からの祭典延期の忠告に対し、「どうでも通れん日がある。大祭々々延ばすよかろ〳〵」（明治32・11・23）と、神は秋季大祭を延期することをお許しになっている（この『おさしづ』は十一月二十三日に出されているが、当時は旧暦で祭典を勤めており、この年は十一月二十八日が旧暦十月二十六日となる）。

このたびも、行政などの要請によって参拝者を入れずに祭典が行われたことは万やむを得なかった。ただし、つとめの勤修そのものを止められたわけではない。筆者は、医学的知見を無視して無謀に突き進むことが、必ずしも信仰に熱心であるということではないと思う。

そんな灰色の空気の中、誕生祭当日、青年会本部などが中心となって〝天理ドリームオーケストラ〟と銘打ち、百人を超える世界中の道の音楽家がインターネットでつながって『教祖御誕生讃歌』を演奏し、世界に動画配信した。筆者のスマホからも心踊る旋律が流れ出した。若い教友たちが、硬直しそうになっている感情をほぐしてくれた。今、ぢばに帰ることがままならなくても、全教がぢばに、存命の教祖に心をつなぐことは決して不可能ではない。そして、こんなときこそ陽気ぐらしの教えを輝かせよう。

（2020年6月号）

困難の中でこそ心を勇ませ

新型コロナウイルスの感染は、世界的には今まさに猖獗《しょうけつ》を極めている。日本でも移動や諸活動の自粛を言われていたころは、気が滅入るという言葉がぴったりであった。この道では、心を勇ませることが重要と教えられるが、正直こんなとき、どう勇んで陽気になるのか、途方に暮れる思いであった。

では、教祖が、陽気ぐらしを説くこの道を啓《ひら》かれたとき、世相は明るかったのか。

立教は天保九（一八三八）年だが、天保に入ったころから日本は連続的な凶作となる。東北では餓死者、捨て子が溢れた。一説には日本全体で百万人の餓死者が出たといわれる。大和でも事態は深刻で、天保九年二月から三月にかけて、農民の不満が爆発し、各地で打ち壊しが発生する。

同じころ、隣の大坂では大塩平八郎の乱が勃発している。ある調査では、天保四年ごろ、大坂の全人口の六十四・五％の人びとが生活困窮者であったという。あまりの惨状に、幕府も義捐金を貸し与えたりしている。今の給付金のようなものだ。

悪いことは重なるものである。『感染症の世界史』（石弘之著　角川ソフィア文庫）によれば、古来、飢饉と風疹が同時期に発生する事例は多く、この天保の時代がそうであった。風疹が猛威を振るい、天保六年には疫死者は十万人を数えたという。死者の数で事の重大さを計るのはどうかと思うが、このたびのコロナウイルスでの日本の死者は約千人（原稿執筆時点）である。

そして、天保十二年のいわゆる「天保の改革」で、幕府は対策に乗りだしたが、その結果、労働賃金の引き下げが行われ、柳本藩（現天理市の一部）でも奉公人の給与が一割カットとなる。もう人びとは先行きに何らの希望も見いだせない暗黒の時代であり、その悲惨さは現在とは比べるべくもない。

余談になるが、学問的には、そういう時代だからこそ、天理教など、のちに「新宗教」などと呼ばれる幾つかの民衆宗教が誕生したとされている。これらは、教団によっては神名を親神と唱え、拝は四拍手など、教理や形のうえで確かに本教と類似点がある。ただ、他の教団は教派神道を名乗っているし、現在も祭儀などに神道の影響が強い（教派神道なのだから当然だが）。

一方、教祖はご在世中、神道に属することを良しとされなかった。なぜならば、そもそも神道とは関係ないからだ。そして本教は、昭和四十五（一九七〇）年には教派神道連合会を退会。さらに三代真柱はひもろぎ、玉串、しめ縄といった神道色を、できる限り排していかれた。

筆者は、日本人の精神に深く息づいている神道を大切にしたいと思っているし、出先に神社があればよく詣でる。ただ、同じころに成立したといっても、本教は神道と一線を画し、やはり教祖の教えは他に類のない特殊なものだったのではないかと思う。長い余談になった。

では、そんな悲惨な時代から「だん〱と心いさんてくるならバ　せかいよのなかところはんじよ」（一　9）というような明るい教えが啓かれたのは、教祖が元々、楽天的な性格だったからだろうか。全く違う。むしろ逆で、教祖は生来、陰気なご性格だったようである。そのことを証明する逸話は数多い。

別席のお話の中に「他の子供たちが面白おかしく遊んでいても親御様のお側に居られて、あまり遊びにはお出ましにはなりませんでした」というくだりがある。さらに数え十三歳で嫁がれるが、その際の条件が、夜なべ仕事を終えた後は、念仏を唱えることを許してほしいということであった。当時と今は世の様《さま》が大きく異なるが、それでも満で十二歳、今なら小学六年生くらいの女の子が、夜中に一人で念仏を唱えるというのは尋常なことではなかったのではないか。

翌年、里帰りをされたとき、派手な着物なのに髪型は当時では中年と言ってもいい三十歳くらいの女性のようだったので、村人に「三十振袖」と揶揄《やゆ》された。何よりも教祖ご自身が「わしは、子供の時から、陰気な者やったで」（『稿本天理教教祖伝』）と述べておられる。

時代は誠に暗かった。民衆は飢餓、感染症に恐れおののき、命よりも大切なわが子さえ捨てねばならないような極限状態であった。

そんなとき、中山みき様は、この世に祟りや怨霊などない、況《いわん》や天罰などあり得ない。地獄もない。ただ心に、ちょっとのほこりが付いたに過ぎない。だから、ほこりを払い心勇ませて人びとがたすけ合えば、神もまた勇み、守護は余すところなく行き渡る。そのとき、まさにこの世は神人和楽の陽気づくめの世界となる。さらに男女間にも、為政者と庶民の間にも貴賤の差など全くない。住む国は違っても、世界の人類は皆兄弟姉妹なのだという、どこまでも前向きで積極的な生き方を促すこの教えを啓かれた。そしてそれは、教祖が単に楽天的な方だったからでは決してないのだ。

まだしばらくは、つらい状態を生きねばならないかもしれない。しかし、そんな中でこそ、この教えは、想像を絶する苦難の中で、絶望の淵に沈んでいた人びとの萎えた心を救い上げ、生きる喜びを教え、煌々たる大望の光で往還道を照らしてきたのだということを思い起こしたい。


（2020年8月号）

教祖の書きもの

「書いたものが、ものを言う」という言葉が死語になるかもしれない。ここに来て、にわかにデジタル化が叫ばれるようになってきた。折しも、新型コロナウイルスの影響で対面でのやりとりが避けられることも、この動きに拍車をかけている。

アメリカの『ニューヨーク・タイムズ』紙は二〇二〇年九月末時点で、デジタル購読収入が紙媒体を上回った。日本政府は、来年には「デジタル庁」を設置する準備を始めた。今年度中にすべての小学生に端末機器を行き渡らせる計画で、デジタル教科書も使えるようになった。筆者が学長を務める天理大学でも、紙の稟議形式から電子決済へ移行できないか検討中である。以前、道友社長を務めていたとき、端末機器のおかげで出張先でも校閲ができた。

ただ、経済開発協力機構（ＯＥＣＤ）の調査では、本を紙で読む生徒とデジタル機器で読む生徒を比較したところ、紙の方が読解力が高かったという。筆者のような紙派にとっては、少しうれしいニュースである。結局は、紙とデジタル双方の利点を生かして利用していくのが良いのだろう。

教祖ご在世時代、もちろんデジタルなどなかったので、重要な事柄はもっぱら紙に書かれた。そんな中で、筆者が以前から不思議に思っていたことがある。それは、教祖がお書きになったものが『みかぐらうた』、『おふでさき』と、その中の数首を書き写して信者に渡された『おふでさき外冊』（号外も含む）しかないことである（それ以外に教祖のお書きになったものは、山中忠七に渡された「麦種」などと書かれたメモのようなものだけである）。つまり立教から『みかぐらうた』を制作される慶応二年までの二十八年間、文字に一切残されなかったと考えられるのだ。なぜなのだろう。

教祖が書かれたものを紛失した可能性もあるが、立教以前ならともかく、月日のやしろとなられた後ならば普通は保存するであろう。筆者は在仏生活二十五年間で一度だけ、真柱(三代真柱)からお手紙を頂戴したが、当然ながら今も大切に保存している。教祖の書かれたものなら、ささいなものでも残すであろう。

ただ、『みかぐらうた』の教祖直筆による原本がいまだ見つかっていないことを考えると、これら以外に書かれたものがあったが、やはり紛失したか、あるいは警察に没収された可能性はある。しかし、ほかに何か書かれたという史実が伝わっていない。

今のように簡単に紙が手に入る時代ではなかったから、教祖は書きものをされなかったのだろうか。しかし、天保六年生まれで、その三十一年の生涯がだいたい教祖のひながた時代に入る坂本龍馬の場合、その手紙が約百四十通も残っている。しかも龍馬が逃亡の身であったことを考えると、この時代、私たちが思うほど紙の入手は難しくなかったのではないか。

貧に落ち切られていたころも含むから、中山家では紙を買うことさえ厳しかったのだろうか。しかし、文久元年に秀司様は中山家の日誌ともいうべき『万覚日記』を書いておられるから、これも違うだろう。

これらを考え合わせると、やはりこの時代、教祖は何らかの意図があって何もお書きにならなかったのかもしれない。普通の人間なら、二十八年間文字を書かなければ、文字を忘れるかもしれないのだが。

やがて、信者が徐々に増えてくる時代になって、教祖は『みかぐらうた』『おふでさき』を書かれる。慶応二年の『みかぐらうた』から始まり『おふでさき』の執筆が終わったのが明治十五年。途中幾年か、また明治四年（三年には「ちよとはなし」と「よろづよ八首」をつくられた）から六年までの三年間、さらに十六年から現身をかくされるまでの約四年間も全く文字を残されていない。

『おさしづ』に「これまでどんな事も言葉に述べた処が忘れる。忘れるからふでさきに知らし置いた。ふでさきというは、軽いようで重い。軽い心持ってはいけん。話の台であろう。取り違いありてはならん」（明治37・8・23）とある。このことについて、二代真柱は「そこにある話（『おふでさき』に書かれている内容のこと＝筆者注）は、材料はその時の起つている点でありましようが、話の内容は既に最早お話しになつておつた事である」（『おふでさきに現れた親心』）と述べておられる。つまり『おふでさき』の内容は個別の事例である場合もあるが、そこに説かれている教理は時代的にも地域的にも普遍的なものであるということである。教祖は五十年のひながたの中で、計わずか十年間だけ筆を執り、教理を文字にして残された。これは、その中に教理が凝縮されているということを表しているのだろう。取り違いのないように、軽い心で読んでいてはいけない。

現在、私たちが手にする、いわゆる変体仮名の『おふでさき』は、教祖直筆のものから標準的な文字を抽出し、それを活字として印刷されたものである。そこには、無味乾燥な活字やデジタルでは絶対味わうことのできない教祖の生の息づかいや、手のこまやかな揺らぎさえ感じられる。若い人こそ、ぜひ親しんでほしい。ちなみに教内月刊誌『みちのとも』のタイトル文字も教祖の文字である。

（2021年1月号）

「からゆきさん」をたすけた布教師

アメリカで白人警察官が黒人を捕まえる際、首を押さえつけて死亡させるという事件が起き、抗議行動が世界中に広がった。そしてそれが、かつて黒人の先祖たちが奴隷としてアフリカから連れてこられた記憶まで呼び起こし、南北戦争での南軍（奴隷制に賛成の立場だった）の将軍らの像が引き倒される騒ぎにまで発展した。

奴隷制は断じて許されるものではない。しかし、おぞましいことだが今もなお、この地球上では婦女子などの人身売買が行われている。

日本でも明治から大正のころ、九州・天草の地などから若い女性が、東南アジアで娼婦として働くために売られていった。いわゆる「からゆきさん」である。

これについては、山崎朋子著『サンダカン八番娼館』（筑摩書房）に詳しい。山崎はからゆきさんについて、「民衆女性の中でももっとも苛酷な境涯に置かれていたものが売春婦であり、そして売春婦のうちでも特に救いのない存在」という。まさに社会の最底辺であえいでいた人たちである。

同書によると、いたいけな十三、四歳ごろに女衒《ぜげん》と呼ばれる業者に買われて船に乗せられる。中には初潮さえ迎えていない子もいた。

多くは、ろくに教育も受けていないので、読み書きもできず自分の生年月日さえ知らなかった。それどころか男女のことも分からず、異国でどんな仕事をするのかさえ知らなかった。そして、ひどいときには一晩で三十人を相手にすることもあったという。山崎は、もはや人として扱われず〝物体〟のようなものであったと述べている。

どれだけ働いても、金はほとんど女衒の懐にいき、彼女たちにはいくらも入らなかった。やがて病気で倒れたり、精神に異常を来したりした者も少なくなかった。これを性奴隷と呼ばずして何と言おうか。

そのからゆきさんのおたすけに奔走した道の教会長がいた。天理教シンガポール教会初代会長・板倉タカだ。前述の書籍に書かれているのは、カリマンタン（ボルネオ）島北部サンダカンで働かされたからゆきさんだが、タカが布教に歩いたマレー半島やシンガポールも同じような状況であっただろう。

日露戦争後、中国・大連、マレー半島などで商売をしていたタカは、明治四十四（一九一一）年、母親の身上から日本に帰り、やがてお道に入信する。教えを聞き、一説には七度結婚したというほど破天荒な人生を送っていたタカは、自分のこれまでの歩みを深く反省する。そして、マレーに戻り、遮二無二おたすけに歩いた。十年間の布教で信者は二百人を数えた。

たとえば、悪性の梅毒を患い、手足の自由を失って生活に困窮した人のおたすけをしている。タカが本人を引き取り、下の世話までするうちに、その人はご守護を頂いた。この人は病気からして、からゆきさんの一人であったと思われる。またタカがおぢばへ帰参中、留守番の女性が娼館にさらわれるが、タカは彼女を奪還しにいく。こうしてタカは、からゆきさんたちに道の信仰を熱烈に語り、母のように慕われた。

ただ、タカに身上をたすけられた人は、姓名や状況が分かっている人も多いのだが、からゆきさんたちとの交流の具体的な記録はほとんど残っていない。それは、彼女たちが仕事柄、身元はおろか、名前さえ秘匿して生きていたからだろうと思われる。山崎の著作でも、登場人物はすべて仮名、住所も詳らかにしていない。

筆者は数年前、シンガポールの日本人墓地を訪ねた。ここは著名人が眠っていることもあり、一種の観光地となっている。南方軍総司令官寺内寿一。日本で初めて口語体で小説を書いた二葉亭四迷。さらに昭和三十年代に放映された人気テレビドラマ『快傑ハリマオ』のモデルとなった谷豊らが眠っている。そういった著名人の墓には、それぞれ説明文が施されている。

そして、彼らと並んで板倉タカの墓がある。タカの墓にも立派な説明板が据えられ、「天理教シンガポール教会初代会長。（中略）テーブルクロスなどの行商のかたわら、からゆきさんたちの良い相談相手となる。（中略）一九二二（大正十一）年、信者の献金によりキャセイ映画館近くに天理教教会を開き、五十五歳で初代会長となる」と、はっきり記されている。いわば市井の一婦人の人生が公にされており、訪れる人に知らしめられている。このことが、何よりもタカのからゆきさんたちへの白熱のおたすけを物語っている。

『南十字星創刊40周年記念号』（シンガポール日本人会発行）には、タカについて「悩み苦しむ人や、からゆきさん、不運な人を励ましそれらの人びとの心の支えとなった」とも書かれている。

タカの墓の周囲には、多くのからゆきさんたちが遠巻きに眠っている。彼女たちの墓を何も知らずに見ると、何の変哲もない小さな石柱が置かれてあるようだ。名前はもちろん、死亡日なども一切書かれていない。中には、生い茂る草に隠れそうになっているものもある。それを見るだに、悲しい。

奴隷の境遇にあった女性たちを懸命にたすけた道の布教師がいたことを、私たちは決して忘れてはいけない。

（2020年9月号）

ヤシの実一万個

今年、沖縄は本土に復帰してからちょうど五十年になる。先の大戦で沖縄はアメリカ領となった。当時、甲子園に出場する沖縄代表校の学生はパスポートを持って本土に入らねばならなかった。自動車は右側通行だった。それが一九七二年に平和的に日本に復帰した。今日なお、沖縄には問題が山積しているとはいえ、戦争で奪われた領土が交渉によって返還されたという例はほとんどない。武力による占領を目指してロシアがウクライナに侵攻している今、沖縄を考えることは平和を考えることにもなる。

ところで現在、沖縄にはヤシの木が生い茂り、ハワイのような風情が溢れている。復帰当時、ヤシの実（ココナツ）を贈り緑化に協力したのは本教だった。その事情については論文「ハワイから沖縄に贈られたココナツ一万個の知られざる真実」（佐藤孝則・住原則也著）に詳しい。


本土復帰二年前の一九七〇年五月、戦争で荒れ果てた地を緑にしようと「沖縄県緑化推進委員会」が設置された。一方、「沖縄をヤシの木が生い茂る、日本のハワイにしたい」と考えていた山口國三・那覇分教会長は、同年七月おぢばに帰り神殿に額ずいて構想の成就をお願いした。ここで不思議なことが起こる。ばったり神殿で三國輝夫・太平洋教会長（在ハワイ）に出会ったのだ。三國はたまたま日本航空のイベントに招かれ来日し、参拝をしていたところだった。山口は、その足で三國を誘って中山慶一表統領に会いにいき、計画を披歴する。そして表統領が三國を説得する形で、ハワイの教友の協力を得てココナツを沖縄に贈るという山口の夢が現実味を帯びてくる。

まず山口は琉球政府の各方面に働きかける。結果、同政府農林局長から天理教教会本部宛に「第二次大戦で緑したたる昔の面影を失った沖縄を再生するためハワイ在住の天理教信者の皆様からヤシ類の寄贈を受けたい」という旨の公文書が発出される。

しかし事態はそう簡単ではない。ハワイからココナツを持ち込むことは「植物検疫強制規定」に抵触した。山口は、諦めない。三國を通じてハワイ大学に問い合わせたところ、問題になる害虫はハワイに存在しないことが判明。山口は政府や米民政府などに幾度も足を運び、なんと同規定を一部改正させることに成功するのである。

これで障害はなくなった。琉球政府は再度、中山表統領宛に「椰子の木及び他の椰子科の種子寄贈受諾について」という公文書を送付する。

ここからハワイ伝道庁を中心にハワイの教友を挙げて、ココナツを一万個集めるという前代未聞の大プロジェクトが始まる。翌七一年十二月十一日からはラジオ放送でも広く一般にも知らされた。これは当時、まだまだハワイ在住日系人の本教に対する偏見が強いと感じていたある教友が、日本語ラジオ放送局に私費で『陽気ぐらし』というタイトルの十五分番組を持っており、そこで放送されたものだ。これに呼応し、多くの教外者も協力した。

『ヒロタイムス』という新聞には「天理教がヒノキシン奉仕　沖縄へ寄贈運動　椰子の実1万個」という見出しとともに、この活動が大きく紹介される。もう本教の枠を超えて全島的な運動になっていった。

ココナツの収集は順調に進んだが、また難題が持ち上がる。どうやって沖縄まで運ぶかである。ここでも当時のハワイ在住の教友たちの意気軒昂なところを知ることができる。彼らは、ハワイ選出の米上院議員を通じて海軍にお願いする。やがて、米国防省R・H・グーデル輸送部長から吉田進・ハワイ伝道庁長宛に「あなたのココナツを沖縄に輸送するための条件や見通しについて、あらゆる必要な詳細事項をお知らせします。(略)お役に立てることを希望します」という文書が届く。

そして、ついにココナツ一万個を載せた船はパールハーバーを出航し、本土復帰を約一カ月後に控えた一九七二年四月十九日、沖縄ホワイトビーチに到着。同月二十八日、琉球政府主席室で贈呈式が行われ、中山表統領から屋良朝苗主席に、芽が出たばかりのココナツが手渡された。(肩書はいずれも当時)

このとき贈られたヤシの木は、今どうなっているのだろう。結論から言うと、ほとんどが枯死し、残っているのはごくわずかである。それは、沖縄海洋博の折に輸入したヤシの木とともに入ってきた害虫などが原因だ。したがって現在、沖縄にそびえているヤシの木は、ほとんどハワイ産ではない。当時そんなプロジェクトがあったことを記憶している一般の人も、今ではほとんどいない。

では、これは無駄だったのか。筆者は全くそうは思わない。贈呈式の九年後、屋良知事(復帰後「主席」は「知事」となる）は、『天理時報』のインタビューに答えて、「戦後、緑を失った沖縄にとって緑化は重大事であったが、本土復帰の意義深い年に、貴重な緑化を提供頂き、復帰に対する天理教の方々の深いご理解を感じました」と述べている。

当時の教友たちは、ほとばしる熱情で、「復帰」はしても「復興」が遠かった沖縄をたすけようと奔走したのだ。


（２０２２年10月号）

カルト教団問題

第二章「複雑化する社会の中で」の「政治と宗教の関係」という項目で、安倍晋三元首相の暗殺事件以来クローズアップされた政教分離問題を取り上げたが、今回はもう一つの問題、カルト教団について考えてみたい。ただし、筆者は今盛んに話題になっている教団について、十分な知識を備えているとは言えないので、あくまでも一般論として考えたい。

ひと言でカルトと言っても、それを客観的に判断する座標軸はないので、何をもってそう言うのか難しいところだろう。たとえば成立した当初のキリスト教はユダヤ教から見ればカルト教団だったかもしれないし、本教も、教祖ご在世時代から長らく淫祠《いんし》邪教と批判された。

一つの判断材料としては、洗脳という方法を使った布教や、家庭をつぶすような法外な献金を求めるといった反社会的行為が行われているかどうかだろう。これについては、『みかぐらうた』に「むりにどうせといはんでな」（七下り目 六ツ）などと述べられている通り、本人や家族の意思に反して無理やり導くのはお道ではない。さらに、いわゆる霊感商法も問題だ。教祖が「このよふにかまいつきものばけものも かならすあるとさらにをもうな」（十四16）と教えられるように、そもそも道の教理では悪霊、たたりの類は存在しない。

また、たとえ家族でもその信仰に反対する者は悪魔だと教える宗教もある。本教では「反対する者も可愛我が子」（明治29・4・21）と教えられる通り、道の信仰に反対する人もたすけ合うべき兄弟姉妹だ。

逆にカルト教団ではないことを人びとが了解することの要因としては、その宗教が社会に奉仕している、言い換えれば公益に資するものであるかどうかがポイントになる。この点、本教は大いに胸を張っていいと思う。

まず大学を持っている。キリスト教、仏教などの伝統宗教はともかく、わが国で幕末以降に成立した宗教で、大学を持っているのは本教ともう一教団だけである。さらに言えば、大学と総合病院のどちらも持っているのは本教だけだ。

それだけではない。一八九一（明治二十四）年の濃尾地震での活動を嚆矢とする「災害救援ひのきしん隊」は、常に被災地で大活躍している。日本のボランティア活動の先駆けと言っていいだろう。二〇一七年には国会でも紹介された。

一九二五（大正十四）年には、二代真柱が自ら私立奈良盲学校（現・奈良県立盲学校）校主に就任されている。現在でも障害者（児）施設、高齢者施設を運営している教会も多い。「天理教社会福祉施設連盟」には約百二十団体が加盟している。福岡のある教会は、教会のある地区に多くの福祉施設を設立し、一種、福祉村のようになっており、県からも感謝されている。昨今は、「こども食堂」を運営している教会もたくさんある。

数年前、ある著名な会社の社長と面談した際、彼が急に『ひのきしんの歌』を歌いだした。驚いて聞くと、子供のころ、天理教の教会が経営していた幼稚園に通っていたとのことだった。

個人の活動に目を移せば、里親活動では日本の全里親のおよそ一割が本教の教友だといわれる。教誨師の人数で言えば、本教は浄土系、プロテスタント系、禅宗系に続いて第四位である（令和二年現在。全国教誨師連盟ホームページより）。保護司、民生委員などをしている教友もたくさんいる。

とりわけ、「テンリキョウ」という語が宗教であることさえほとんど知られていない海外では、公益的な活動は一層重要になる。

本教はパリやシンガポール、ニューヨーク、香港などで早くから日本語教育に力を入れてきた。このうち、パリにある「天理日仏文化協会」は二〇一一年、日本政府から外務大臣表彰を受けた。同協会はヨーロッパ最古の私立の日本語学校である。

コンゴ共和国では、コンゴブラザビル教会が「天理教総合教育施設」を営んでいる。そこには託児所から高校までが設置されており、約六百人が通っている。これは国家から大変評価されている。アメリカ合衆国、南米などには多くの「天理道場」があり、柔道や空手を教えている。台湾には現地の災救隊である「天理教救災聖労隊（「聖労」は「ひのきしん」の中国語訳）」もある。

小さな事かもしれないが、筆者が所長を務めていた天理教ヨーロッパ出張所は、毎年バザーの売上金を全額「国境なき医師団」本部と近くの福祉施設に寄付し、地域の人びとから喜ばれている。

私たちが認識すべきは、本教が実施しているこれらの活動はすべて〝世界一れつみなきょうだい〟という教えを具現化したものであって、決してカルト教団でないことを証明する目的でやっているのではないということだ。ただ、結果的にそれらは多くの人から本教が評価される理由になっている。

さらに言えば、こういう活動をすれば、その宗教が仮に反社会的活動を行っていても相殺されるということでは決してない。教育・福祉活動をいくらやろうとも、いやむしろ、そういうことをやっているのならなおさら、人びとが眉をひそめるような行為をしてはいけない。

こういった道の活動は誇らしいものだ。そして今後ますます重要になっていくと思う。

（2023年1月号）

第4章

教理を活かす

働くということ

国は今、働き方を改革しようとしている。以前から日本人は働き過ぎだと言われ改革の必要性が叫ばれていたが、一昨年の年末、有名企業の女性社員が過労が原因で自殺したことなどをきっかけに、論議に拍車が掛かった。こんな痛ましいことは二度と起こってはならない。

今年二月からは月の最終金曜日を「プレミアムフライデー」と名づけ、午後三時には退社して余暇を楽しもうと呼びかけている。残業時間も法律で規制するとし、繁忙期でも月に百時間未満ということで落ち着いた。百時間が適当かどうかはともかく、どこかで歯止めをかけねばならないことは確かである。

この問題がちょうど国会で審議されているころ、霞が関に勤めている知人が、残業時間を減らすという政府の答弁を徹夜で残業して準備したという。もはやブラックユーモアである。

ところでアメリカ、イギリスなど主要先進七カ国で、国が制定している祝祭日が最も多いのはどこかご存じだろうか。意外に思われるかもしれないが、実は日本なのである。世界全体を見ても、日本の祝祭日の多さはトップクラスと言っていい。このことはつまり、有給休暇などを取らないので、いわば国が強制的に休ませようとしているということである。

労働に対する考え方は、日本と欧米とでは随分違う。日本人は働くことが喜びであり、したがって、定年退職後はどうしたらいいのか分からず困っている人が少なからずいる。一方、欧米では、たとえばカレンダーの定年退職の日を赤で囲い、定年後は夫婦で旅行したり、趣味に没頭したりする生活を待ちわびている。

旧約聖書では、天地創造のとき、神は七日目に安息を取った。十戒（※）では、それを人間にも守るよう求めている。だから、英語で休日を意味する「Holiday」は「Holy」、つまり聖なる日なのである。ヨーロッパでは日曜日は店も閉まり、閑散としている。それが観光客に不便だということで、数年前、フランスで日曜日も店を開けてよいと法律改正された際、時のローマ教皇は不快感を示した。ちなみに、教義の違いから、ユダヤ教では安息日は金曜日の日没から土曜日となる。

バカンスの本場フランスでは有給休暇がおよそ三十日あり、ほぼ全員がしっかり取る。

もちろん、寝食を忘れて働くことは決して悪いことではない。ただ、適度な休養は必要だ。なぜ日本では休暇を取りにくいのか。筆者は「お客様は神様です」、つまり過度の顧客第一主義にも問題があると思っている。「客は神様」の意識が浸透しているからだろうか、日本人は総体的に店員などに礼を言わない。ある外国の航空会社の客室乗務員が、サービスしても何も言わない日本人客の態度に業を煮やし、「日本には、ありがとうという言葉がないのですか」と言ったという話があるが、うなずける。

大手宅配業者が、人手不足から、平日昼の一定時間、配送を中止することを検討している。この問題も、客の求めに応じて土日でも何時でも届けねばならないという過剰サービスがもたらしたものだ。こんな国はほかにない。

客、つまり消費者が絶対的に上位にあるという考え方は正しいのだろうか。消費者は金銭を出して物を買う。しかし売る側は、それに見合う商品を提供しているのだから、お互いさまである。そもそも客と店の関係は相対的なものだ。つまり、理髪店主がすしを食べにいけば、すし屋にとって彼は客だが、そのすし屋が散髪にいけば、立場は逆転し、すし屋が客になる。だから買い手と売り手の関係は絶対的なものではない。それゆえ、一方的ではなくお互いが敬意をもって接すべきものなのである。

教祖のお言葉に「高う買うて安う売る」とある。このお言葉は、まさに正鵠《せいこく》を射ていると思う。ただ、「安う売る」は分かるが、「高う買うて」が分かりにくい。これは買い手が上位なのではなく、対価に見合う商品を売ってくれる人に対し、謝意を示すべきだということを、象徴的に教えてくださっているのではないか。

加えて、このお言葉は『稿本天理教教祖伝逸話篇』に二例出てくるが、両者とも、今でいう小売店主に対するものである。先に述べたように、売り手と買い手の関係は相対的なものであり、問屋、小売り、消費者の関係性において、小売りは問屋に対しては買い手となり、消費者に対しては売り手となるのである。売り手と買い手、双方が相手のことを慮《おもんぱか》って経済活動をすべきということをも、教えておられるのだと思う。要するに、互い立て合いなのだ。

道専務でおたすけに励んでいる人たちは尊い。一方、道の信仰を持ちながら、世上で懸命に働いている人たちもまた、尊い。そして忘れてならないのは、教会生活を支えているのは、主に働いている教友のおつくしであるという事実だ。教会とそれを支える教友もまた、互い立て合いの関係だろう。三十歳未満の者が戴く「おかきさげ」には「日々には家業という、これが第一」とある。神様は、働くことは大切とお教えくださっている。

一つ提案がある。これから店で物を買ったりサービスを受けたりしたとき、私たち道の信仰者は、積極的に「ありがとう」と言おう。

（2017年5月号）

※神が預言者モーセに与えたという十カ条の掟

「笑い」をめぐって

今年五月から、大阪国際がんセンターで、笑いが健康に及ぼす影響の実証実験が始まった。この種の実験は、過去に教内の研究者も「天理よろづ相談所病院（通称「憩の家」）」などの協力を得て行っている。

昔から「笑う門には福来る」と言うように、笑いは体に良い影響をもたらすと多くの人が漠然と考えており、笑いの効用は今、世界中で注目されている。しかし、現在に至るまで、きちんとした科学的知見が定まったわけではないらしい。同センターでは、吉本興業らの協力のもと、漫才などを見る前と、見て笑った後の体のさまざまな数値を測定。それらを比較し、笑いがガンなどの治療に役立つのかどうかを調査するという。

笑いの持つ力について、『ヒューマン　なぜヒトは人間になれたのか』（NHKスペシャル取材班著　角川書店）という本の中に興味深い記述がある。

二〇〇三年のイラク戦争のときのことである。クリストファー・ヒューズ大佐が率いるアメリカ陸軍第一〇一空挺師団の歩兵連隊が、戦いをやめるため、イラクのナジャフという街の聖職者に会いに行った。その折、群衆の一人が「彼らは聖職者を殺しに行くのだ」と叫んだのをきっかけに、混乱が始まった。一触即発の雰囲気になった。

ヒューズ大佐は言う。「軍隊では、群衆を静めたり、群衆の緊張をそぐためには、空に向けて銃を撃つと教えられています」。しかし、それで収拾がつかなくなったら、血みどろの争いになる恐怖があった。アメリカ兵たちは誰もアラビア語を話せない。言葉が通じないので、彼らがこの状況を打開するには視覚的に何かをする必要があった。

ここでヒューズ大佐は、部下たちに叫んだ。「笑え、笑うんだ」。部下たちは一斉に笑った。すると一瞬にして、その場の空気が変わったという。殺気立っていた群衆が、笑顔を見せるアメリカの兵士たちに微笑み返したのだ。ヒューズ大佐の言葉である。「私は世界の八十九カ国に行っていますが、言語の壁、文化の壁、民族や宗教の壁があっても、笑顔の力が働かないのを見たことはありません」

教えの中にも、笑いについてふれられた箇所がある。

『みかぐらうた』に、「につこりさづけもろたら　やれたのもしや」（一下り目　二ッ）とある。

また「元の理」には、「その時、母親なるいざなみのみことは、『これまでに成人すれば、いずれ五尺の人間になるであろう』と仰せられ、につこり笑うて身を隠された」（『天理教教典』第三章「元の理」）とある。

「身を隠す」という表現は、「元の理」ではいざなぎ、いざなみだけにしか使われておらず（子の場合は「出直す」）、いわゆる出直し、つまり死ではないが、別離であることは確かだろう。

つまり、さづけの理を戴くとき、別れのとき、にっこり笑うというのだ。しかし筆者の知る限り、おさづけ拝戴のとき、笑っている人は一人もいない。皆緊張している。別れのときも普通は笑わない。しかし、おさづけの拝戴は喜び事なのだから笑い、さらに、たとえ別離のようなつらい場面でも努めて笑おうと教えられているのかもしれない。

『稿本天理教教祖伝』の中にも笑いの描写がある。とりわけ、教祖の御苦労の場面である。「教祖は、『左様ですか。それでは御飯をたべて参ります。ひさやこのお方にも御飯をお上げ』と、言い付けなされ、（中略）にここことして巡査に伴われて出掛けられた」。さらに「教祖は、つと立って、ランプに近づき、フッと灯を吹き消された。この気配に驚いて目を醒ました巡査が、あわてて、婆さん、何する。と、怒鳴ると、教祖は、にここになされて、『お日様がお上りになって居ますに、灯がついてあります。勿体ないから消しました』と、仰せられた」（第九章「御苦労」）とある。

明治のころ、まだ人権などという意識は低い。したがって警察の取り調べも、かなり過酷であっただろう。そんな中で、筆者は、不謹慎かもしれないが、よく教祖は御身の命に及ぶような重罪を科されなかったものだと思う。「神のやしろ」たる方だから、と言ってしまえばそれまでだが。

そこにはさまざまな要因があるのだろうが、教祖のご態度もその理由の一つではないかと思う。拘引に来た警察官を前に、ご飯を食べてから行く。この方にも差し上げろなどと言えば、通常「貴様はなぶっているのか」と怒鳴られるだろう。しかし拘引、留置という緊迫の場面でも、常に笑顔を絶やされなかった教祖のお人柄が、気色ばんでいる警察官の心さえも和ませたのではないか。先の大佐の言葉と考え合わせると、確かに人間が通るべきひながただと思う。

本教には、いわゆる戒律、修行といった類のものが、ほとんどない。もちろん、信仰心を高めようと徒歩でおぢばに帰ったり、一日一食を抜いたりといったことをする人も大勢いる。ただ、その多くは個人として行っているのであり、制度的に定められたものではない。

むしろ逆に、

「いつまでしんぐ\したとても　やうきづくめであるほどに」（五下り目　五ツ）

「このみちをはやくみとふてせきこんだ　さあこれからハよふきつくめや」（十七　23）

と教えられる。

笑いにあふれた陽気づくめの家庭、教会、職場は、精神的にも肉体的にもきっと人びとを健康にする。

（2017年8月号）

嘘をつけば神が退く

このところ、フェイクニュースという言葉をよく耳にする。訳せば「嘘の情報」ということだろう。アメリカのトランプ大統領が、自分の意に添わない記事を書いたメディアを批判して、この言葉をよく使う。

これが恐ろしいのは、嘘の情報がまことしやかに多くの人に伝わり、全く罪のない人びとが攻撃されたり、ぬれぎぬを着せられたりして、とんでもない不利益を被る可能性があるからだ。

今から百年近く前、関東大震災の直後、「朝鮮人が井戸に毒を投げ込んだ」などといったデマ、つまり虚偽の嘘が広く流され、日本にいた多くの朝鮮半島出身者などが殺害されたという。ひどい話である。

もともと欧米で始まったと思うのだが、嘘をついてもよいという日がある。四月一日、エープリルフールだ。この日は、ヨーロッパなどではテレビでも平気で嘘を流す。ただし、聞く方も、そういう日だと分かっているし、それほど深刻な嘘をつくわけではないから、笑い話で済ませられることが多い。嘘も一つの文化なのだろう。

ところが、嘘が原因で大騒ぎになったことがある。ベルギーが二つの国に分裂するというニュースが、ある日、同国のテレビで流れたのである。

これには少し説明が要る。昨年起こったスペインのカタルーニャ地方の独立騒動は記憶に新しい。日本でどこかの地方が独立の動きをすることはまずないと思うが、世界に目をやると、カタルーニャ地方だけではなく、いろいろな地域で独立しようという動きがある。

たとえば、スペイン、フランス両国にまたがる大西洋側、バスク地方も独立運動が激しく、時には暴力沙汰に発展することもある。さらにスコットランド、またカナダのケベック州なども独立派は多い。いずれも、言語が違うことが大きな原因の一つだろう。言語の違いは、文化の違いということでもあるからだ。

ベルギーも大きく分けて、北部がオランダ語圏で南部がフランス語圏と、国内で使用言語が違う。それゆえ八年ほど前には、両言語圏出身の国会議員同士が対立し、総選挙後、一年以上にわたって組閣できない状態が続いた。つまりベルギーにとって、それぞれの言語圏が独立して国が二つに分かれるというのは、決して荒唐無稽な話ではないのである。

そんな空気の中で、テレビがこういう嘘のニュースを流したのだから、国内は大騒ぎになった。さすがにテレビ局は、すぐに嘘であることを知らせて謝罪したが、あまりにも冗談が過ぎると、このテレビ局は激しい批判にさらされた。嘘もほどほどに、ということだ。

先の大戦時、新聞やラジオは、「大本営発表」として嘘の情報を流し続けた。決して良いことではないが、非常時であることを考えると、後知恵として安易に批判するのもためらわれる。

また現代でも、新聞やテレビは「不偏不党」というが、決してそんなことはなく、やはり恣意的な報道姿勢や社の意に添ったことは極端に大きく表現することはある。

しかし現在、受け取る私たちもそのことは十分心得ているし、情報源が一つではないので、ある程度の情報を集めて判断することができる。それだけに、ゴシップを専門とするような週刊誌などを除いて、日本のマスメディアが事実を曲げ、意図的に虚偽を伝えることはないだろう。そんなことをすれば、そのメディアはいずれ世の中から淘汰されてしまう。

ところが、インターネットを使ったＳＮＳなどは脅威である。これは匿名の個人が、不特定多数の人に情報を流すことができる。受け取る側の人数も新聞やテレビの比ではない。個人が世界の人に向け、いかなる制約も受けることなく自由に情報発信ができるからだ。

たとえば、ある製品のでたらめな悪評を流し、そのメーカーを潰すことも可能だろう。

あるいは、テロ組織などの反社会的勢力が、なんらかの意図を持って嘘の情報を流し、世の中を扇動すれば大変なことになる。

二〇一六年のアメリカ大統領選挙にロシアが介入し、世論を誘導したといわれている。一国の大統領が、嘘の情報を基に選ばれたのだとしたら、これは由々しき問題だ。

また、やはりアメリカで、ある高校で起きた銃の乱射事件が演技だったという嘘の情報が流され、広く拡散して大騒ぎになった。こうしたことが続くと、社会全体に疑心暗鬼の空気が広がりかねない。


『おふでさき』に、「これからハうそをゆうたらそのものが　うそになるのもこれがしよちか」（十二　112）とある。嘘をつけば、その者自身が嘘になると教えられる。嘘で人を陥れようとすれば、いずれはその本人が、誰からも相手にされぬ虚しい存在になっていくという意味だろう。

続いて「月日にハうそとついしよこれきらい　このさきなるわ月日しりぞく」（十二　113）と、嘘を説き続ければ神が退くとまでおっしゃる。

八つのほこりは、おおむね個人レベルの問題であるのに対し、嘘は、なんの関係もない多くの人を巻き込んでいく。とりわけ厳しい言葉で戒められているゆえんだろう。心しなければいけない。


（2018年9月号）

スポーツは陽気ぐらしに通ずる

先ごろ行われたアメリカンフットボールの名門大学同士の試合で、明らかに故意と思われる反則行為があり、反則を受けた選手がけがをした。その模様はSNSなどで何度も再生され、さらにその行為が監督からの指示だったのではないかとの疑いもあり、マスメディアなどでは批判が渦巻いた。

スポーツは、いわば虚構の世界である。敵といっても、戦争における敵ではなく、虚構の世界の敵なのである。当然ルールを守らなければならないし、敵の選手にけがをさせることを目的としたプレーなど絶対にあってはいけない。

筆者は現在、天理大学の学長を務めているが、天理大学をはじめ親里管内の各学校では、スポーツが非常に盛んである。天理高校の野球部などは、熱狂的なファンも多い。今、この機会にあらためて、管内学校におけるスポーツ活動の意義を考えてみたい。

なぜ、本教を母体とする各学校でスポーツが盛んなのか。スポーツでは宗教と同様に、連帯感や規律、統一性といったものが求められる。近代オリンピックの祖、ピエール・ド・クーベルタン男爵は「古代の競技者が体育とスポーツにたすけを得て自己の肉体に向かって作業するとき、神々そして国旗に敬意を払った。(中略) スポーツの宗教性、つまりレリジオ・アスレテの観念は、非常にゆっくりとではあるが徐々に競技者の意識のなかに浸透」すると述べている(※)。宗教とスポーツは、密接に関連しているのだろう。日本の近代スポーツは、キリスト教宣教師たちによってわが国に紹介されたともいわれる。そうした意味では、信条教育を旨とする管内学校において、スポーツを教育の一つの柱に据えることは理にかなっている。

加えて、本教独自の教義にも由来すると思う。まず「かしもの・かりもの」の教えだろう。

各自が使っている体は、神からの借りものである。通常、借りたものを、そのオーナーが意図しない使い方をすることは許されない。たとえば家を借りて、勝手に改装し店舗にすることは契約違反だ。では、体のオーナーである神の意志は何か。言うまでもなく「陽気ぐらし」の実現だろう。スポーツは、する人、見る人、支える人、皆が喜びを得ることができる。スポーツによって〝小さな陽気ぐらし世界〟が現出する。

親里管内の各学校で実施されているスポーツを総称して、「天理スポーツ」と呼ぶ。その源流はすべて、中山正善二代真柱にさかのぼると言っても過言ではないだろう。よく知られているように、二代真柱は、ご自身がよくスポーツをされただけではなく、周囲にも大いに勧められた。

一九四九（昭和二十四）年に開催された「第一回天理教全国体育大会」の開会式で二代真柱は、その意義について「健康増進をはかることであり、今一つは、老若男女が一手一つとなつて、和楽と親睦を深めること」（『真柱訓話集』第九巻）と述べられている。さらに「かしもの・かりもの」の教理にふれたうえで「此の健全なる体躯、健全なる心を養うことこそ、茲《ここ》に教の意義があり、人生の意義がある」（同）と続けられる。つまり、スポーツを通して、すべての人が和楽と親睦を深め、加えて健康の増進を図り、そしてそれが信仰の意義を再認識することになると述べておられるのだ。

また、あるスポーツ新聞のインタビューに答えて「天理教の『陽気ぐらし』が、柔道にも通ずるんだ。（中略）あくまでフェアであることが根本だが、ここにはじめて、相手も共に喜び合える試合が生まれるだろう。だれもが喜び、楽しんで毎日を暮らすことを念願する〝陽気ぐらし〟と、道は一つ」（『六十年の道草』）とも述べておられる。

確かに、各スポーツクラブが盛んであるがゆえに、管内学校は大いに校名を発揚している。しかし結果的に、そうなっているだけであり、決してそれが目的ではない。いわんや勝利のためだけではない。陽気ぐらしに近づくための心の練磨こそが目的なのである。

本教の各スポーツ団体は、よく「一手一つ」という言葉を用いる。その意味するところは、チームの中で、おのおのの役割は違っても心を一つにして、勝利に向かって前進しようということだろう。天理大学も、それを英語にした「UNITY OF MINDS」をスポーツ活動の合言葉にしている。

ただ、先のお言葉から推測すると、二代真柱は、この言葉をもっと幅広く捉えておられたのではないか。東京オリンピックの際、日本柔道のいわば敵であるアントン・ヘーシンク選手を天理で鍛えられた。つまり、同一チーム内だけの一手一つではなく、その競技に関わる人、つまり敵も味方も、さらには審判、係員や観客も、すべての人が一手一つになる。言葉を換えれば、すべての人が他に対する尊敬と、ルールとマナーを順守する真摯な態度を決して忘れず、そして陽気に楽しむことを望んでおられたのではないかと、筆者は思う。そのうえで、アスリートたちは全力を出して勝利を目指すべきであろう。

間もなく本格的なスポーツシーズンがやってくる。天理アスリートたちの活躍が楽しみだ。

（2018年8月号）

※『新・スポーツ文化の創造に向けて――オリンピズムを考える』（小椋博監修　天理やまと文化会議編　ベースボール・マガジン社）

清掃も信仰実践

去る六月から七月にかけて、世界はサッカーのワールドカップでずいぶん盛り上がった。日本チームも、予選リーグを勝ち抜いて決勝トーナメントに駒を進めるなど、国内も沸きに沸いた。

その大会で、日本人サポーターたちが試合終了後、観客席を清掃する姿が世界的に話題となった。筆者も日本人の一人として、やはりうれしい。

たとえば、シンガポールなどでは、いわゆるゴミのポイ捨てが見つかれば罰金を取られる。そこまでいかなくても、昨今、海外でも公共の場所の美化は社会の大きな課題となっている。ただ、今回のようなスタジアムの観客席は、公共の場所というよりも、お金を払った人だけが入っている特定の場所である。そこを清掃することは、なかなか海外の人には理解しにくいかもしれない。

日本人でもホテルに泊まり、部屋を出るときに清掃する人は、おそらくあまりいない。宿泊料金を払っているのだから当然、従業員がすればいいと考えるからだ。同様に、スタジアムに入るのも料金を払っているのだし、そこには清掃係もいる。だから「なぜ日本人は清掃するのだろう?」と思う人はいるだろう。まあ、理屈はどうあれ、日本人はそういう民族であり、それは誇らしいことだと思う。

天理教ヨーロッパ出張所の真向かいには、パリの中心部へ通じる電車の駅がある。筆者は出張所に着任した翌日から毎日、朝づとめ前にその駅前広場を掃除した。当時は、通行人から奇異の目で見られたが、あまり気にせず続けた。そして現在も、毎週土曜日の朝づとめ後、出張所の全スタッフが清掃している。たとえ物珍しがられようとも、これは私たちの大事な信仰実践である。これからも続けてほしい。

本部神殿では、いつでも誰かが回廊拭きをしている。本教だけではない。禅寺などでも掃除は大事な修行の一つである。

しかし、欧米人にとって、清掃活動が信仰心を高めるという考え方は理解されにくいのかもしれない。確かに、キリスト教の教会で聖職者や信者が掃除をしている姿を、筆者は見たことがない。それは、掃除という行為の価値観が、日本人と欧米人ではいささか違うからかもしれない。

ヨーロッパ出張所が管轄する天理日仏文化協会（パリにあり、日本語教室を主な活動とする）のお道のスタッフが、始業時刻前に出勤して背広姿で校内の掃除をしていたとき、それを見たフランス人が「偉い人が、そういうことをするものではありません」とたしなめた。つまり、高い立場にある人が、箒片手に掃除などしてはいけないということだ。

こんなこともある。もうずいぶん以前のことだが、ヨーロッパの教育視察団が、日本の教育制度を学ぼうと来日した。彼らが一様に驚いたのが、授業が終わった後の生徒たちによる教室の掃除であったという。これはヨーロッパにはない。

フランスで生まれ育った筆者の子供たちがまだ小学生だったころ、筆者が「日本では教室の掃除は、生徒がするんだよ」と話すと、子供たちは「日本の学校には掃除のおばさんはいないの？」と素朴に聞いてきた。

先の視察団のメンバーは、生徒たちの掃除の様子を見て「日本の学校では世界的に有名な大会社の社長の子供であれ、一介の労働者の子供であれ、同じように箒と雑巾を持ち、掃除をしている。素晴らしいことだ。わが国でこれをやれば、すぐに親から抗議の声が殺到するだろう」などと言ったという。

まだヨーロッパには、多少なりとも階級社会的な雰囲気が残っており、平等な立場で掃除をするという行為が、必ずしも好意的に受け取られない場合もあるのだろう。

掃除という行為が信仰心を高めるということは理解されにくいかもしれないが、街を美しく保つことが犯罪の抑止に結びつくことは実証されている。

かつてニューヨークは犯罪の温床であったが、道端のゴミを拾い、徹底的に落書きを落とすなど、軽微な犯罪を野放しにしなくなった結果、劇的に治安の良い街になった（もちろん警察力を強化したということもあったが）。これを「破れ窓理論（ブロークンウインドーズ理論）」というらしい。

街が汚れ、すさんだ状態になると、そこに住む人びとの心もすさんでいくという証左だろう。

道の信仰者が公共の場所や教会内などを清掃するのは、単に心を清くし、信仰心を高めるためだけではない。周りの人に喜んでもらうためだけでもない。神から借りている体、それが動くことへの感謝の念を形に表しているのだ。つまり、ひのきしんである。

そういったことは海外で理解されにくくても、理解してもらえるようにする努力が、すなわち布教になる。

一昨年、リオデジャネイロ・オリンピックで、天理大学出身の大野将平選手が選手村でゴミ拾いをする姿がマスコミで話題になった。大野選手は、オリンピック出発前におぢばで、ある教会長に言われた「徳を積みなさい」というひと言を、しっかり守って、実践したのである。仮にそれをしなくても、彼は金メダルを取っただろうが、この行為が金メダルをより一層輝かせたことは間違いない。

（２０１８年11月号）

地域に溶け込む大学

近く、UNIVAS（一般社団法人大学スポーツ協会）というものが発足する予定で、その準備が進められている。これは、日本版NCAA（全米大学体育協会）とも呼ばれるものである。

これまで高体連（全国高等学校体育連盟）のように、高等学校までは各競技を横断的に統括する組織があったが、大学にはなかった。それゆえ、課外活動における責任の所在や選手の事故防止などが、ともすれば、なおざりにされることもあった。

UNIVASを設立し、その下部組織として各大学がスポーツクラブを統括する部署を作って、選手である学生たちを保護し、同時に競技の一層の振興を図る。加えて、チーム力を強化することによって、その大学がブランド力を向上させることも狙いである。

もちろん、勝利至上主義から脱却して、学生がクラブ活動を通して人格を高め、本分である勉学に打ち込める環境を作ることも目的である。NCAAは厳しい基準を作り、一定の成績を収めていない学生は、試合への出場を禁じられることもあるという。天理大学も、この動きに呼応して、発足当初からＵＮＩＶＡＳに加盟する予定である。

ところで本年年頭、天理大学ラグビー部が大活躍した。試合の模様はすでにテレビ、一般紙や『天理時報』で詳報されているので、今さら繰り返さない。ここではその周辺を書く。学長である筆者にも、多くの方から「感動した」「涙が出た」などと称賛の言葉をいただいた。中でも決勝戦で、秩父宮ラグビー場に初めて、天理大学学歌である『天理教青年会々歌』が流れたことは、感動的であった。

この歌を学歌に制定したのは昨年十月一日である。その理由は二つ。そもそも天理大学の前身である天理外国語学校は、一九二五（大正十四）年、海外布教に雄飛する人材育成のため、天理教青年会が発意し、当時、青年会長でもあられた二代真柱によって設立された。その青年会は昨年、創立百周年を迎え、十月二十八日にはその記念総会を開催した。青年会が百周年を迎える旬に、天理大学も建学の精神を今一度思い返し、理想の姿を追求していこうと思ったからである。大学では今年から「外交官養成プロジェクト」も始動する。これも創設の目的に合致する動きである。

今一つは、青年会々歌はすでに、天理中学や天理高校がその校歌に制定している。言うまでもなく、天理大学から天理幼稚園までは兄弟校である。小学校、幼稚園は別だが、中学校から大学まで同じ歌を校歌（学歌）にすることで、より一層兄弟の絆を強めたいと思ったからである。もちろん女子学生もいるが、青年会々歌だからといって避けることはない。「われらぞ御神の光栄ある羽翼」。歌詞には男女を問わず道の若人の志が謳われている。

ラグビーの決勝戦を多くの人に観戦してもらおうと、天理市と天理大学の共催で、天理駅の南団体待合所と本部第三食堂を会場にパブリックビューイングを行った。

天理大学は、先に述べたように本教によって設立された大学であり、その教えをバックボーンとしている。常に教団や多くの教友によって支えられている、お道の大学である。一方、地元の天理市民にも、「おらが町の大学」と認識してもらいたいと常々考えている。ヨーロッパなどでは、よく大学が町に溶け込んでいる。町のそこかしこに校舎が分散して、学生たちは町全体をキャンパスのように闊歩《かっぽ》している。町の人たちも、大学の食堂や図書館などを普通に利用する。そんなふうに、もっと市民にとって距離感の近い大学でありたいものだ。

文部科学省は昨今、大学が地方創生に貢献するよう求めている。大学が地域の人たちと協力して新しい産業を起こしたり、地域の名産を作り出したりすることを奨励している。かつてのように、大学は〝象牙の塔〟として世の中から超然とし、研究さえしていればいいという時代ではない。

天理大学でも、日ごろから市や商店街の方たちと相談し、さまざまな事業を実行している。たとえば天理大学の得意分野である語学では、商店街のレストランのメニューを学生たちが外国語に翻訳した。世界中から教友が帰ってくる宗教都市・天理市に必要不可欠なものである。体育では、市民の健康づくりに貢献できないか検討中だ。これは「かしもの・かりもの」の教えを標榜する本教、その本拠地らしい活動である。

このような流れの中で今回、市と大学が協力して、本部施設などを借りてパブリックビューイングを実施した。町の人たちも一緒に学歌を歌い、旗を振ってくださった。教団、市、大学の範疇を超えて応援してもらえた。

残念ながら優勝こそできなかったが、ラグビー部の活躍は単に大学の一課外活動の枠を大きく超えて、多方面に好ましい影響を与えた。UNIVASの設立理念には、「『卓越性を有する人材』を育成し（中略）、我が国の地域・経済・社会の更なる発展に貢献する」とある。こうしたラグビー部をはじめ各クラブの活躍を通して、天理大学が建学の精神を究め、道の伸展や地域社会の活性化にいささかでも貢献できたなら、これこそUNIVASの設立理念に合致する。

（2019年4月号）

障害のある人とともに

今年、東京オリンピックとともにパラリンピックも開催される。オリンピックも楽しみだが、一方のパラリンピックでは、何らかの障害を持った人たちが、その困難をものともせず一心に競技に打ち込む姿がある。それは見る人に、オリンピックに勝るとも劣らない大きな感動を与える。そこに至るまでには大変な努力があったのだろうが、パラリンピックの選手たちを見ていると、ナポレオンの言ではないが、本当に人間には不可能という文字はないように思える。

そんな年の冒頭に、思い出すのも忌まわしい事件の裁判が行われた。四年前、神奈川県にある知的障害者の福祉施設で、元職員の男が十九人の入所者を殺害し、加えて多くの入所者や職員に重軽傷を負わせた事件である。

行為そのものも衝撃的であるが、犯人は「障害者は生きていても仕方がない」といった趣旨の発言をしたという。その言葉に、多くの人が一層の戦慄を覚えた。

残念ながら、この種の考え方は今に始まったことではない。たとえば第二次世界大戦中、ヒトラーが六百万人のユダヤ人を虐殺したことが知られているが、ユダヤ人とともに多くのロマ人、同性愛者、さらには障害者も殺害した。それらの人びとは、ヒトラーにとっては社会から排除すべき人間なのだろう。

新聞報道などによれば、神奈川県の事件の裁判では、被告は反省している様子もないようである。そして、ほとんどの被害者家族は匿名での審理を望んでいるという。名前を明らかにすることによって、差別されることを恐れておられるのだろう。遺族の心中は察するに余りある。

教祖は「せかいぢうゝいちれつわみなきよたいや　たにんとゆうわさらにないぞや」（十三 43）と教えられる。このお歌の意味するところは、「きょうだいのように考えて仲良くしよう」という、いわば指針とする一種の標語ではない。人類は親神という一つの存在から生まれ出たのだから、事実として兄弟姉妹なのである。

そういう意味でも、一日も早く健常者と障害者がいささかの隔たりもなく、たすけ合いながら普通に暮らせる社会を作り上げなければならない。

近年、バリアフリーという言葉がよく使われる。車いすに乗った人や、目、耳などが不自由な人が施設などを難なく利用できるようにすることである。

教会本部でも、神苑に車いすの通路を作ったり、回廊に直結するエレベーターやスロープなどを設置したりしている。また教内書では、点字文庫や録音図書も用意されている。筆者の別席の取り次ぎのとき、耳の不自由な方に対する手話の通訳が入ったこともある。

もちろん、どこまでいってもこれで十分ということはないだろうが、着実に、障害者に優しい環境になっていると思う。教内には、障害児・者を支えるさまざまな組織もある。

他宗教のことではあるが、日本では山上に寺院などがある。そんな所では、バリアフリーといっても難しいことはあるだろう。

ところで、日本人は総じて親切であると言われる。ただ、電車内でお年寄りが目の前に立っていても、あまり席を譲らない。スーパーマーケットなどの駐車場では、最も近いところに障害者用の駐車スペースが設けられているが、そこに平気で健常者が車を停める。いずれも欧米ではめったに見ない光景だ。

筆者は、ドイツの街中で、うっかり歩道に少し乗り上げて車を停めたことがあるが、そのとき、歩いている人から大声で叱責された。これらはいずれもキリスト教の教えが行き届いている一つの証左だと思う。

街で目の不自由な方を見かけても、戸惑うことが多い。何をどうしたらいいのか分からないし、お手伝いをしようとするときには少しの勇気がいる。しかし信仰者なら、その勇気は持ちたい。

親神は、人間が陽気ぐらしをするのを見てともに楽しみたいと思い、人間を造られたと教えられる。ただ、陽気ぐらし世界の具体像は書き物になっているわけではないので、信仰生活の中で、あるべき姿を模索していくよりほかない。

教祖は「人間の反故《ほうぐ》を、作らんようにしておくれ」(『稿本天理教教祖伝逸話篇』一一二「一に愛想」)と仰せられる。反故とは、不要なもの、捨てるものという意味である。つまり、この世の中に不要な人など一人もいないのだと教えてくださっていると思う。

だから、陽気ぐらし世界建設には、障害のある人たちも、間違いなく一人ひとりが必要な人材なのである。親神が心を尽くしきって造られたものが、一人ひとりの生なのだから。

私事で恐縮だが、筆者には四人の子供がいる。長男はダウン症という障害を持っている。正直、妻ともどもそれなりの苦労はあったが、不幸ではなかった。本人も不幸ではないと思っていると思う。そして他の子供と比べようとは思わない。はっきり言えることは、当然ながら長男も含めて全員が筆者の家族であり、一人でも欠けていたら、この家族は構成できなかったということである。それほど悲しいことはない。

(2020年3月号)

五ッいつものはなしかた

今、ハラスメントが世界的な問題になっている。いわゆる「#Me Too（私も）運動」が展開され、セクシュアルハラスメント（セクハラ）の被害にあった女性たちが声を上げた。

日本では先ごろ、政府がハラスメント防止法を改正し、今年六月一日から各大企業にその履行が義務付けられた（中小企業は令和四年四月一日から）。そこではパワーハラスメント（パワハラ）についても細かく定義された。それによると、パワハラとは優越的な関係を背景とした言動で、必要な範囲を超えて労働者の就業環境を害するものとある。つまり上司であるからという理由で、部下を大声で叱ったり威圧したりする。また逆に無視をする。さらに、人格を否定するような言動や過重な仕事を押しつけたりすることも含まれる。

ここで難しいのは、問題を起こしたり、社会的なルールを逸脱した言動をしたりする社員を正す場合や、新人を育成するために注意しようとする場合との線引きだろう。どの程度まで許されるのか、上に立つ人にとって悩ましいところではある。ただ率直に言って、今まで日本社会の中で、この種の問題が野放しにされてきたきらいはあるのではないかと思う。

こういった問題を起こさないためには、組織内の人たちが信頼関係で結ばれていることが何よりも重要だと思う。人間だから誰しも、つい言葉が過ぎることはある。しかし両者に信頼関係があれば、言われた方も叱責された理由を理解し、自らを省み、言動を改めようとする。逆に、普段から他人との関係が滑らかでない人は、必要以上に乱暴な言動になり、パワハラで訴えられることも多いように思う。

偉そうなことを言っているが、筆者自身、痛く反省するところがある。以前に身を置いていたある組織で「何でも意見を言ってきなさい」と言ったところ、ある日、一人の女性が意見を具申しにきた。当初は冷静に話していたが、筆者には彼女の言うことがあまりに身勝手に思えたので、つい言葉が激しくなった。そのとき彼女は「何でも言ってこいとおっしゃったから、言いにきたのです。それを、そのように怒られると、もう二度と意見を申し上げようとは思わなくなります」と言った。これは、完全に彼女が正しい。

教祖は明治七年、四人の信者にさづけの理を渡され、続いて数え歌にして屋敷に勤める者の心得を諭された。筆者は、これは、教祖がお屋敷に譬《たと》えて説かれた組織論だと思う。「五ッ いつものはなしかた」。普段から言葉遣いに気をつける。「六ッ むごいことばをださぬよふ」。酷い言葉を決して出さない。「七ッ なんでもたすけやい」。組織の構成員みなが、何かにつけてたすけ合う。「八ッ　やしきのしまりかた」。屋敷を組織と捉えて、その締まり方、つまり一人ひとりが規律を守ることの重要性。「九ッ　こゝでいつまでも」。できうるならば、定められた年限までその場所で仕事、御用をさせてもらいたいと思えるような組織であること。「十ドところのおさめかた」。皆が、組織が治まっていくように配慮する。

教内には教会、教区、各会、その下部組織など、実に多様で多くの組織がある。それぞれにおいて、開放感に満ちた雰囲気はあるだろうか。上の人を立てることは間違いなく重要だが、それは決して盲従することではない。会議などの場で、上の人に対して、もちろん言い方は謙虚であるべきだが、大いに思うところを述べることは重要だ。

一方、上に立つ人間はどうだろうか。反論されて声を荒らげる、顔色を変えることはないだろうか。怒鳴るなどは、全くの論外だと思う。もしそういったことが続くと、下の者、若い者は徐々に意見を言わなくなる。そうなると結果、組織内には閉塞感が漂い、活力はどんどん削がれ、間違いなく組織は疲弊していく。世の中のさまざまな事例を見れば明らかだ。

お道の中には、上の人から激しい物言いで少々理不尽なことを言われても我慢、辛抱することが美徳であるという考え方はある（筆者はそうは思わないが）。だからといって、上の人間は、それをよしとして、怒声を飛ばしていいわけではない。しかし組織によっては、そういう風潮はないだろうか。

時代は明らかに変わっている。そんなものは変えていった方がいい。第一、これは陽気ぐらしではない。もちろん組織には厳しさや緊張感は必要だが、柔らかい言い方でもそれはできる。

何よりも、もしそういう風潮があるならば、少なくともお道の外にいる人は、それに対して強烈な違和感を持つだろう。その違和感は、人をお道に近づけるどころか遠ざけるだけだろう。

教祖のひながたを拝する限り、荒々しい言葉や、怒鳴って人を導いておられる場面はどこにもない。「何んでも、分からんところがあれば、お尋ね」と懇ろに諭されている。拘引に来た警察官にさえも「ひさやこのお方にも御飯をお上げ」と言われて、ニコニコとして出かけられた。

お道にハラスメントはあってはならない。筆者自身、しっかり自戒せねばと思っている。

（2020年11月号）

「一手一つ」の優勝

天理大学ラグビー部が、創部九十六年目にして初めて大学日本一になった。ラグビー部は、その日のうちに帰路に就き、乗車した新幹線では「天理大学ラグビー部の皆さん、優勝おめでとうございます」との車内放送があった。午後九時半ごろ天理駅に着いたとき、百人以上が出迎えた。

この優勝は、ひとえに、小松節夫監督はじめコーチ陣の適切な指導と、それに応えた松岡大和キャプテンら部員全員の努力の賜であることは言をまたない。コロナ禍で閉塞感が漂う全教にも大きな希望を与えた。

それにしても、天理大学学長でもある筆者は、この優勝は何か大きな、そして不思議な力に後押しされたような気がしてならない。まるで、あらかじめ用意された筋書き通りに事が運んでいったような感覚がある。

ラグビー部は昨年八月、寮内で新型コロナウイルスの集団感染を出した。部員たちは、著しく規律を破るようなことをしたわけではない。全部員が寮生活で、学校も休みに入り、ほとんど寮とグラウンドの往復しかしていなかった。正直言って、なぜラグビー部が、という思いを筆者は持った。

もし陽性者の発生がもう数日遅かったら、部は信州方面へ合宿に出かけ、しかも他校と練習試合をしていたのである。そうなっていたら、当該県、滞在先ホテル、相手校にも迷惑をかけ、事態は一層複雑になっただろう。最終的には約百七十人の部員のうち六十二人が感染したが、部員以外には一切広がらなかった。

大学が記者会見で集団感染を明らかにしたころから、連日ものすごい数の誹謗、中傷の電話やメールなどが大学や部員に届いた。一般の学生までアルバイト先を解雇され、教育実習も受け入れを拒否された。職員が子供を小児科に連れていこうとしたら「天理大学関係者は来ないでください」とまで言われた。

事態を重く見た筆者と天理市長は共同で記者会見を開いた。その趣旨は、受け入れを拒否した先を非難するのでは決してなく、差別、偏見をなくすような空気を皆でつくりだそうと訴えたつもりであった。マスコミがおおむね好意的に報道してくれたこともあり、そのころから大学には、批判よりも励ましの声の方が徐々に多くなってきた。特に天理市民や卒業生、ラグビースクールの子供たち、一般の学生から激励のメールや動画なども部員たちの元に送られてきた。また、市内二十数件の業者が「天理大学生をアルバイトに雇いたい」と申し出てくださった。

検査や対策を立てるうえでは、「憩の家」が看護師を派遣するなど多大な尽力をしてくださった。寮を空ける必要もあり、陰性であっても大勢の部員を全員どこかに隔離しなければならなかったが、それには教会本部やある詰所が全面的に協力してくださり、一人一部屋をあてがうことができた。一方、空になった寮全体は、専門の業者がボランティアで、徹夜で消毒してくださった。この業者との出会いも偶然であった。もちろん、大学の多くの教職員は夏休み返上で、それらの対応に当たった。部員たちは、そのころから、自分たちは本当に多くの人たちに支えられているのだという実感を持ったと思う。

他方、天理警察署からの依頼で、特殊詐欺防止ポスターにラグビー部員が採用されることになり、昨年六月ごろにはポスターは出来上がっていた。筆者は、感染騒ぎでこの話はボツになったと思っていたのだが、九月、約一カ月の経過観察期間を経て練習を再開したその日、警察署長自らグラウンドを訪ねてきて、このポスターを市内各所に貼りたいと言ってくださった。そして十月には、部員が「一日警察署長」も務めた。

練習を再開しだしたころから、松岡キャプテンをはじめ部員たちは、事あるごとに「ラグビーができることを感謝するだけでは足りない。日本一になって、お世話になった方々に恩返しをしたい」と言うようになった。関西リーグ戦開幕の前日、部員たちは、お礼のメールを世話になった詰所関係者などに送った。

ラグビー部のモットーは「一手一つ」である。一般紙にも、その言葉の意味を書いたものがあった。この言葉は、多くの教内団体が口にする。これを実現し、事を成就させるには、組織の人間一人ひとりの役割は違っても、心は一つにすることが必要不可欠であることを示した。そして今回は、ラグビー部と、その再開に向けて協力した周囲の人たちとの一手一つでもあった。

さらに、節から大きな芽を出した。「節から芽が出る」とは、自ら起こした失態ならともかく、全く予期せぬ苦難に見舞われたとき、その中で目標を見失わず腐らず、人力を尽くすならば、その時間の長短こそあれ、必ず喜びの結果が得られるということだろう。もちろん、節はない方がいいだろうが、節のない人生はない。ただ、節あればこそ、一手一つもまた実現できるのではないかと思う。

最後に「恩返し」。受けたご恩を当たり前と思わずに、それに応えようとひたむきに努力するとき、人知を超えた力は働く。

このたびの優勝は、私たちにさまざまなことを教えてくれた。

（2021年3月号）

苦労すなわち不幸ではない

これもコロナ禍の影響と言えるのかもしれないが、日本の出生率の低下が止まらない。厚生労働省が六月四日に発表した人口動態統計によると、昨年の合計特殊出生率（一人の女性が生涯に産むと見込まれる子供の数）が一・三四となり、五年連続で低下した。前年から〇・〇二ポイント低くなった。少子化に歯止めがかからず、さらなる人口の減少は避けられない。

この傾向は日本だけではない。お隣の韓国や台湾も同様で、韓国では昨年〇・八四と衝撃的な数字を記録した。台湾も一・〇七と著しく低く、どちらも昨年ついに人口減少社会に突入した。

仮に日本でこのまま少子化が進み、働き手が減ると、かつては胴上げ型、つまり多くの人数で上に乗っている高齢者を支えていたものが、やがて騎馬戦型、そして肩車型と、一人の若者が一人の高齢者を支えなければいけない構図になってしまう。

国は男性の育児休暇制度、認定こども園の開設などの政策を実施しているが、なかなか功を奏さない。間もなく、不妊治療に対する公的保険適用も実現する見込みだ。

子供の出生率と大きく関係するのが若者の結婚観であろう。昨今、筆者の周囲にも男女を問わず独身で過ごしている人は少なくない。では最近、若者の間では結婚したくないと思っている人が増えているのだろうか。

そんなことはない。少し古い統計だが、NHK放送文化研究所が二〇一三年に行った調査では、一生結婚したくないと答えた人は、わずか九％に過ぎない。つまり九割以上の人は、いずれは結婚したいと考えているということだ。

さらに国立社会保障・人口問題研究所の二〇一五年の調査によれば、夫婦の理想の子供数は二・三二人である。では、なぜ実際の出生率と乖離《かいり》しているのか。その理由は、経済的問題、言い換えれば子育てにお金が掛かり過ぎるからというのが最も多い。

これらを整理すると、結婚はしたいが、なかなか良い相手に遭遇しない。そして、ようやく結婚できても、本当は二人か三人は子供がほしいのだが、残念ながら経済的に厳しいので一人しか産めないということだろう。

筆者は昭和三十一年生まれである。あのころ近所でも、きょうだいが三人、四人といった家庭は決して珍しくなかった。筆者自身も六人きょうだいだ。では、当時は今よりも世の中全体が裕福だったのかというと、決してそうではない。間違いなく、今よりも日本は貧しかった。小学校では「健康優良児」というのが表彰された。まだまだ子供の栄養状態が良くなかったのだろう。呼び出し電話という制度があった。風呂のない家も多かった。しかし、多くの家庭で子供は多かったのだ。

世界の出生率の上位国を見ても、軒並みアフリカなどの貧困国である。こうして考えると、必ずしも世の中の経済状況と出生率は連動しないように見えなくもない。

筆者は宗教家の端くれだが、「子供は多い方が幸せなのだ。だから、どんなに貧しくても、たくさん子供をつくるべきだ」と、精神論だけで片づけてしまう気はさらさらない。これは正論だと思うが、しかし現実の問題として、子育てにお金が掛かり過ぎるので、なかなか二人目、三人目というわけにはいかない夫婦も当然あると思う。それゆえ、国にも政策を動員してもらって、安心して多くの子供を産める社会になった方がいいと思う。

ただ一方で、やはり、決して豊かではなくても、夫婦がたくさんの子供に囲まれて家庭を営むことの喜びや大切さは説いていかなければいけない。

『天理教教典』に「人の幸福は、その境遇に在るのではなく、人生の苦楽は、外見によつて定るのではない。すべては、銘々の心の持ち方によつて決まる」とある。客観的には大変な苦難のように見えても、必ずしもそうではなく、本人たちは幸せに感じているという状況もある。自ら決めた道を歩んだ結果の苦難であるならば、心はきっと前向きになるからだ。これを陽気ぐらしと教えられるのだと思う。そして、その最たるものが子育てだと思う。

母親は、生後しばらくは夜でもお乳をやらなければならず、ほとんど寝られない。ハイハイするようになると、片時も目を離せない。なんでも口にする。もう疲労困憊だ。

ある書物によると、多くの動物は生後間もなく自力で立ち、自分で母のおっぱいをまさぐり、吸う。人間だけが、立つのにさえ一年もかかる。本来もっと母の胎内にいなければならないのに、早く生まれてしまうのだ。なぜか。それは、神が、子育てを両親だけでなく、多くの人の手を借りないとできないように配慮された結果だという。

確かに、かつてはおばあちゃんや親戚のおばさん、そして今は保育士などの手も借りて子育てをする。人間は生まれたときからたすけ合わねばならないように宿命づけられている。

子育てほどの苦労はない。しかし、それは親になったからこそ味わえる幸せな苦労でもある。それだけではない。子育ては、たすけ合う喜びさえ知ることができる。苦労すなわち不幸では、決してない。

（2021年9月号）

本当の長者屋敷

八月九日、国連の気候変動に関する政府間パネル（ＩＰＣＣ）が報告書を公表した。その中で、人間の活動が地球温暖化をもたらしたことは疑う余地がないと初めて断定した。つまり、温暖化は決して自然な現象ではなく、人災だということだ。

以前にも取り上げたが、明らかに近年、私たちを取り巻く環境は異変を起こしている。今年は世界各地を熱波が襲った。カナダでは四十九・六度、イタリアのシチリア島では四十八・八度を記録。もちろん、ともに観測史上初だ。ドイツや中国では洪水が発生し、日本でも今夏は過去に例のないような長雨だった。地中海沿岸国では森林火災が頻発した。

報告書では、向こう数十年の間に二酸化炭素およびその他の温室効果ガスの排出が大幅に減少しない限り、今世紀中に地球の温度上昇は平均一・五から二度を超えると予測する。そうなると、今後ますます干ばつが頻繁に起こり、毎年のように猛烈な勢いの熱帯低気圧が襲来し、さらに北極などの永久凍土が溶けだす。間違いなく、もう危機はそこにある。

一人ひとりが日常のあり方を見直さなければならないのは明白だ。国連が提唱するSDGsに参加することには大きな意義がある。レジ袋を使わない。テレビやエアコンは小まめに消す。車の使用も少し控える、といったことを心がけたい。

そんな中、『人新世の「資本論」』（斎藤幸平著　集英社新書）という非常に示唆に富んだ本が発刊された。「資本論」はカール・マルクスが唱えた理論であるが、中国や旧ソ連の共産主義を礼賛するのでは全くない。

同書によると、たとえば電気自動車は二〇四〇年代までに、現在の二百万台から二億八千万台にまで伸びる。しかし、それで削減される二酸化炭素の排出量は、わずか一％に過ぎないという。なぜなら、電気自動車のバッテリー製造工程で二酸化炭素がますます増えるからだ。風力発電などの再生可能エネルギーが増えてきているが、二酸化炭素の原因となる化石燃料の消費量は減っていない。それは、再生可能エネルギーが化石燃料の代替物として消費されるのではなく、経済成長によるエネルギー需要増大を補う形で消費されているからだ。こうなると、もう一般庶民は途方に暮れるしかない。

そこで、この著者は「コモン」という考え方を推奨する。コモンとは「共通の」とか「共有の」という意味だ。コミュニティーやコミュニズムの語源である。たとえばアメリカでも「労働者協同組合」が広がりつつあり、清掃や調理といった、低賃金で有色人種女性に押しつけられていた仕事の賃金を改善し、人種や階級の分断を乗り越えようとしている。またヨーロッパなどでは、自動車を複数で共有するカーシェアリングも増えている。そして過度な格差と、先進国による発展途上国に対するひどい搾取をなくし、平等な世界を築いていこうとしている。

その大前提が「脱成長」である。ＧＤＰ（国内総生産）には表れないＱＯＬ（生活の質）の向上を目指そうというものだ。こうして著者は「恒常的な成長と利潤獲得のための終わりなき競争」に終止符を打つべきだと主張する。

確かに筆者も、人類はまだこれ以上、経済成長しなければならないのかという疑問を感じる。たとえば、リニアモーターカーが営業を開始すると、最終的には東京―大阪間が一時間ほどになるが、その工事のために自然を破壊する。もう今の新幹線で十分ではないだろうか。

作家の五木寛之氏も最近「下山の思想」を唱えている。登山に例えれば、日本はもう登りきったところまで来たのだから、ゆっくり山を降りていくような生活を模索しようということだ。

中学生のころ、個々の衣食住の充実と発展が人間の生活を豊かにしていくといったことを習った記憶がある。しかし教祖のお言葉に「お屋敷に居る者は、よいもの食べたい、よいもの着たい、よい家に住みたい、と思うたら、居られん屋敷やで。よいもの食べたい、よいもの着たい、よい家に住みたい、とさえ思わなかったら、何不自由ない屋敷やで。これが、世界の長者屋敷やで」（『稿本天理教教祖伝逸話篇』七八「長者屋敷」）とある。

教祖の商売人に対するお言葉を勘案しても、経済活動そのものを否定しておられるとは思えない。しかし「世界で最も裕福な資本家26人は、貧困層38億人（世界人口の約半分）の総資産と同額の富を独占し」「一日1・25ドル以下で暮らす14億人の貧困を終わらせるには、世界の所得のわずか0・2％を再分配すれば足りる」（『人新世の「資本論」』）というような、極端な格差のある世界の現状は憂いておられるに違いない。

先の教祖のお言葉は、衣食住における奢侈《しゃし》を追求していくことが人間本来の目的ではない。むしろ、そういう限りない、物への執着を去ることが本当の幸せなのだと教えられている。これは実に味わい深いお言葉だ。

同時に、余計なことかもしれないが、私たち道の人間は世界たすけを標榜するならば、プロ野球のナイター中継に熱中することが決して悪いことではないが、時には新聞を開きニュースを見て、もう少し世界の現状に敏感になり、何が問題なのかを意識するべきだと思う。

（2021年10月号）

動物に心はあるか

メディアで伝えられるさまざまなニュースの中には、時々「えっ」と驚くようなものがある。これらもその一つかもしれない。

二〇二一年十一月、フランス国会の上院は、二〇二四年一月以降ペットショップで犬や猫を販売することを禁止すると決定した。また二八年からは移動式サーカスで野生動物を利用することも禁止される。いずれも、動物の虐待を防ぐための、いわば動物福祉上の政策だということだ。さらに、同じくフランスのファッション雑誌『ＥＬＬＥ』は、同社の誌面やウェブサイトから動物の毛皮を使用した製品の広告を排除するという。

イギリスのある大学は先ごろ、タコやイカなどにも苦痛を感じる知覚があり、調理の際、「極端な方法」で殺さないように同国政府に勧告を行った。今後、意識のある（？）ロブスターを茹でることも禁じられる可能性があるということだ。こういう動きが世界中に広がっていくと、いずれ日本の鯛の活き造りなどは各方面から非難される日が来るかもしれない。

もともとヨーロッパ諸国は動物愛護に熱心で、イギリスではロンドンの路上で毛皮の襟巻きをしていた婦人が暴行を受けたり、大学の研究室に夜間侵入した何者かが、実験用に飼っていたネズミの檻を開け放ち、ネズミがすべて逃げ出したりといった事件も起きている。ＷＷＦ（世界自然保護基金）が設立されたのも、ヨーロッパだった。

これらの問題を通して思うのは、そもそも動物に「心」はあるのだろうかということだ。「ある」と答える人は、「カルガモの母鳥は、子供たちを愛情をもって引き連れている」とか、「犬でも馬でも、外敵から子供を懸命に守る」と言う。しかし、それはいわゆる種の保存のための本能で、「心」ではないと言う人もいる。

たとえば、野に咲く花を見て「美しいなあ」とか、快晴の空を見上げて「いい天気だから、どこかに出かけよう」とか、異性を見て「すてきな人だなあ」などと思ったりするのが心だとすると、そういう意味での心は動物にはないと思う。もし、動物が人間のような心を持っていたらどうだろうか。ライオンやハイエナなどの肉食動物は草食動物などの肉を食べて生きているが、「俺が生きるためには、あのシマウマの子供を襲って食べねばならない。かわいそうだが……」などと思っていては、おそらく生きていけない。

『ヒューマン　なぜヒトは人間になれたのか』（ＮＨＫスペシャル取材班著　角川文庫）によると、人類の祖先であるホモ・サピエンスが最初に持った心は、仲間の絆を大切に思う「分かち合う心」だという。チンパンジーと人間の遺伝子の違いはわずか一%で、チンパンジーも利他行動（困っている相手をたすける行動）をするが、それは相手からの要求があって初めて行うことが多い。なおかつ、一方的な「たすけ」であって、彼らは人間のように「たすけ合う」ことはしないという。

よく知られているように、イスラム教徒は豚肉を食べない。またユダヤ教徒は豚、さらに血の滴っているものを避ける。ヒンズー教徒は、豚も牛も食べることを禁じられている。仏教徒は元々、肉食をしなかった。その理由はさまざまだ。本教の場合、特定の動物を食べてはいけないという教えはない。

筆者は以前、ある欧米人の教友から「教祖はペットを飼っておられましたか」という質問を受けた。その際、一応調べてみたが、ペットを飼っておられたという記録はないし、当時の日本でペット飼育は一般的ではなかったと思うので「たぶん飼っておられなかったと思う」と答えた。質問した人は真面目に、道の信仰では動物をどのように考えるか知りたかったのだろう。

「元の理」によると、人間は虫、鳥、畜類など八千八度の生まれ更りを経て、最終的にめざるの胎から生まれ出ている。このことは、動物と人間が断絶しているのではなく、その命の系譜が連続していることを示唆されているのではないだろうか。

教祖はまた、泥鰌《どじょう》、モロコなどの甘煮を供されたとき、側にいる人たちに「皆んなも、食べる時には、おいしい、おいしいと言うてやっておくれ。人間に、おいしいと言うて食べてもろうたら、喜ばれた理で、今度は出世して、生まれ替わる度毎に、人間の方へ近うなって来るのやで」とおっしゃっている。魚だけでなく、兎や雉《きじ》子などが供えられた際にも、同様に仰せになったと記されている（『稿本天理教教祖伝逸話篇』一三二「おいしいと言うて」）。

これは非常に含蓄のあるお言葉だ。「おいしい」と言って食べるということは、喜んで食べるということでもある。つまり、他の生き物の命をいただくことに対する感謝を表すことを述べておられるのだろう。そのうえで、必要な分だけ頂戴することを諭しておられるように思う。

人間に近づくとは、命は連鎖していて人間だけが尊いのではない。そして、すべての生き物の命は神からの恵みであり、無用な殺生や虐待はいささかもしてはならないし、慈しみの心を持って接することもまた教えておられるのだろうと思う。


（2022年2月号）

成人とは何か

このほど民法が約百四十年ぶりに改正され、四月一日から日本では十八歳で成人となる。これまでの二十歳より二歳引き下げられることになる。

すでに二〇一六年六月には、選挙権が十八歳から行使できるように改正されていた。そしてこの四月からは、十八歳で保護者の同意なしにローンを組んだり、クレジットカードを作ることも可能になる。ただし、飲酒、喫煙、公営ギャンブルの馬券などの購入は、これまで通り二十歳にならないと許されない。そして今後、重大な犯罪については実名公表されることになる。逆に女性の婚姻開始年齢はこれまでの十六歳より二歳引き上げられ、男女とも十八歳となる。

成人年齢は、国によって違う。韓国は二十歳だし、シンガポールは二十一歳だ。ヨーロッパ諸国はほぼ十八歳である。

筆者は、成人年齢には三つあると思っている。まず法的成人年齢で、これが今回十八歳になる。次に生物学的成人年齢がある。動物の場合、生殖可能、つまり子供をつくれる個体になったことをもって成獣ということになる。人間でいうと、だいたい十五歳くらいではないだろうか。「冠婚葬祭」の「冠」とは、すなわち元服で、いわば江戸時代の成人式ということになるが、ほぼ十五歳ごろに行われていたのは、そのためでもあるのだろう。ただ、肉体的な成長が極限に達するという意味では、生物学的な成人は、やはり十八歳くらいかもしれない。

最後に精神的成人年齢がある。これは時代とともに変わり、また人によって違うので一概に言えない。近年、人間の寿命が徐々に長くなるにつれて、この精神的成人年齢も少しずつ高くなってきていると思う。逆に言えば、人間が幼稚化しているということだ。たとえば、筆者が学長を務める天理大学もそうだが、今、日本の多くの大学の入学・卒業式に両親が参列する。祖父母が来る家庭もある。筆者の学生時代には考えられないことである（それがいけないと言っているのではない）。それどころか、実際に、ある大学では新任教員がその大学に着任するときに母親も付いてきた。

明治維新のとき、西郷隆盛は四十歳、木戸孝允は三十五歳、その前年に亡くなった坂本龍馬は三十一歳だった。こういった人たちが国を動かしていった。一方で現在、国政をあずかっている人たち、つまり大臣の平均年齢は約六十二歳、国会議員は約五十六歳である。

余談だが、あらゆる生物の中で人間だけが、今なお寿命を延ばしている。一体どこまで延びるのだろうか。生物科学学会連合代表、小林武彦博士の近著『生物はなぜ死ぬのか』（講談社現代新書）によると、人間の寿命の統計を基に分析した結果、寿命は最大百十五歳で止まるという。教祖のお言葉の正しさを科学的知見に基づいて証明するのは必ずしも良いとは思わないが、この結論に筆者は、あらためて教祖の偉大さを感じた。

お道の信仰では成人は何歳だろうか。『おさしづ』で「小人々々は十五才までは親の心通りの守護と聞かし、十五才以上は皆めん〳〵の心通りや」（明治21・8・30）とお教えいただく。現在おぢばで戴く「証拠守り」も十五歳未満の場合、親が代わって戴くことができる。また十五歳未満とそれ以上では、お守りの形状が違う。「数え」と「満」の違いはあるが、信仰の世界は法律のようにきっちり線を引くものでもないから、あまりその点に拘泥する必要はないと思う。したがって十五歳が成人だろうか。ただ十五歳は、まだ少年会員だが、これは日本の義務教育修了年限に合わされたのだろう。修養科への志願が許可される、あるいは別席を運べる年齢は十七歳である。だから十七歳といえるかもしれない。こかん様が浪速布教に出られた年齢、初代真柱様が中山家の家督を継がれたのも十七歳だ。

あらためて成人とは何か。『おふでさき』には「成人」という言葉が二回出てくる。「にち〳〵にすむしわかりしむねのうち　せゑぢんしたいみへてくるぞや」（六　15）とあり、この直前のお歌が「せかいぢうをふくくらするそのうちわ　一れつハみなもやのごとくや」（六　14）とある。つまり、これは世界中の人間の胸の内が靄のように混沌としているが、成人するにしたがって澄み清められ、親神の守護や真理が見えてくるということだろう。

また、「それよりもむまれたしたハ五分からや　五分五分としてせへぢんをした」（六　48）というお歌がある。これは人間創造の元初まりにおいて、少しずつ身体的に成長していったことを述べておられる。同時に、やはり混沌とした中から、だんだんと分別がつき、精神的に成長していくということを比喩的に教えておられるとも理解できる。

平成十五年一月二十六日が教祖百二十年祭への三年千日に当たることから、その前年の秋季大祭に発表された『諭達第二号』の中で、真柱は「成人とはをやの思いに近づく歩みである」と明確に教示されている。この場合の「をや」とはすなわち、血縁の親ではなく親神様・教祖のことであるのは自明だ。

つまり、道の信仰でいう成人とは、人間のある特定の状態を言うのではなく、陽気ぐらしに向かって信仰的成長を遂げていく、その動態を言うのだろうと思う。

（2022年4月号）

性格は変わる

世の中には面白い研究をしている人がいるものだと、あらためて感心した。先日の新聞報道によると、犬の性格や行動の特徴の違いは、犬種の違いとほとんど関係がないという研究結果がアメリカの研究チームから発表された。

筆者は現在、犬を飼っていないが、ヨークシャーテリアやプードルは人懐っこく、ペットに適している。ドーベルマンはどう猛なのであまり近づかない方がよいなどと、犬種ごとに性格的な特徴があるものだと何となく思っていた。それが必ずしもそうではないというのだ。

発表によると、それらは犬種の違いからくるのではなく、育った環境などを原因とする犬の個性らしい。つまりどんな犬でも、虐待されるなど劣悪な環境、また闘犬などで戦うように育てられれば気性は荒くなるし、優しくかわいがってやれば、おとなしい犬になるということだろう。研究チームの准教授は「大型のチワワは存在しないが、大型犬のような性格のチワワは存在し得る」と述べている。

犬の性格と犬種には関係がないというこの説には、筆者は少し首をひねってしまう。おそらく読者の中にも異論のある方は多いだろう。

血液型で性格に特徴があるという説がある。詳しいことは知らないが、A型は几帳面、B型は楽天的、O型は大ざっぱ、AB型はプライドが高いなどなど。それで、たとえば自分に見合った仕事などを考える人もいるようだ。

逆に、血液型による性格の違いはないとする見解もある。そもそも、どの国もバランス良く四つの血液型の人が存在するわけではなく、ヨーロッパ人はA型とO型が九割近くを占め、ブラジル人はほとんどの人がO型なのだそうだ。当然、ブラジル人が皆、同じ性格であるわけはない。だから血液型と性格に相関関係はあり得ないと述べる研究者もいる。

筆者自身も血液型による性格の違いをあまり信じていない。どの血液型の特徴も、多かれ少なかれ筆者に当てはまるところはあるし、何よりも性格というのは実に種々雑多で四種類に分類するのは不可能ではないかと思っている。ただ、気のおけない友人との語らいの中で、「おれはA型だからまじめだ」「彼はO型だから、やっぱりリーダーシップがある」などと、たわいなく話題にすることに目くじらを立てる必要もないだろうとは思う。

筆者が血液型による性格分類を信じないもう一つの理由は、性格は一生同じでは決してなく、変わると思っているからでもある。生活環境の変化、年齢、そして何よりも、自らの性格で正すべきところは正そうとする本人の強い意志で、性格は徐々にでも変えられると思う。現実には、環境など外的な要因が一つの契機になって、自らの努力で人格が磨かれていくということが多いのではないだろうか。

実際、筆者の知人に、複雑な家庭環境で育ち、ひねくれた性格であったのが、ある教会で住み込み青年をしているうちに見事に周りから慕われるようになった人がいる。また若いころは短気で怒りっぽかった人が年とともに温厚になっていったり、本人あるいは近しい家族が身上になり、それまでとげとげしかった人が優しくなるという例もある。さらに、それなりの立場に就いて性格が変わる人もいる。本人たちに尋ねたわけではないが、おそらく環境の変化とともに自らも変わろうと努めた結果ではないだろうか。無論、逆もあって、ある出来事をきっかけに性格が荒々しくなっていく人もいる。かくいう筆者自身、もちろん偉そうなことは言えない。自らを省みれば改めるべきところだらけである。

教祖の教えに、性格を改めることを促しておられるものがたくさんある。『みかぐらうた』に「むごいこゝろをうちわすれ　やさしきこゝろになりてこい」（五下り目　六ツ）とある。あるいは「やさしい心になりなされや。（中略）癖、性分を取りなされや」（『稿本天理教教祖伝逸話篇』一二三「人がめどか」)、「あんたは、外ではなかなかやさしい人付き合いの良い人であるが、我が家にかえって、女房の顔を見てガミガミ腹を立てて叱ることは、これは一番いかんことやで。それだけは、今後決してせんように」(同一三七「言葉一つ」)などとおっしゃっている。

そして、自らの性格を変えるためのよすがについては「ひとがなにごといはうとも　かみがみているきをしずめ」(四下り目　一ッ)、「人がめどか、神がめどか。神さんめどやで」(同一二三「人がめどか」)と、他人の言動に惑わされず、ただ一筋に神を信じきることを教えられる。

一方、おたすけ人として相手の性格を正す際の心得としては「心の皺を、話の理で伸ばしてやるのやで」(同四五「心の皺を」)、「人間も、理を聞いて、イガや渋をとったら、心にうまい味わいを持つようになるのやで」(同七七「栗の節句」)と巧みな譬えを用いて、相手に丁寧に、しかも根気よく教えの理を説くことの重要性をおっしゃっている。

「おれはこんな性格だから仕方がない」と開き直っていても、何も始まらない。

(2022年8月号)

歓喜なき優勝

今夏、高校野球の奈良大会決勝で天理高校野球部は生駒高校と対戦した。そのときの顛末については、大きな話題になったので読者はよくご存じだと思うが簡単に振り返る。

生駒高校は準決勝戦後、その試合で戦った登録メンバー二十人の中に新型コロナの陽性者や濃厚接触者が複数出た。そこで致し方なくメンバーを十二人入れ替えて決勝を戦うことになったが、中には公式戦初出場という選手もいた。結果は二十一対〇で天理が勝利する。しかし優勝の瞬間、天理の選手たちは生駒の選手の気持ちを慮って派手に喜ぶことはせず、粛々と整列した。九回、生駒の攻撃がツーアウトになったところで、天理の戸井零士キャプテンがタイムを取り、チームの皆に「喜ぶのはやめよう」と声を掛けたのだ。

このことに感謝した生駒野球部から天理へ「つなぐ心ひとつに」と書かれた横断幕が贈られる。今年の天理野球部のテーマ「つなぐ」と生駒のモットー「心ひとつに」をつなぎ合わせたものだ。この横断幕を掲げて、甲子園で生駒の三年生は天理を応援する。九月、両チームの三年生同士で再試合を行い、終了するや両校が一緒になってマウンドで歓喜の輪を作った。
これは各種メディアにも大きく取り上げられ、ネットでも、多くの人が「感動した」「素晴らしい」といった声を挙げた。

よく似た話がある。今をさかのぼること五十八年、一九六四年に開催された東京オリンピック柔道競技の無差別級決勝で、オランダのアントン・ヘーシンク選手が日本の神永昭夫選手を破り、同級のオリンピック初代金メダリストとなる。勝利の瞬間、ヘーシンク選手は、歓喜のあまり畳に駆け上がろうとするオランダチーム関係者を右手で制し追い払った。そのことについて、後年、彼は新聞社のインタビューに答えて「神永さんは敵ではなく仲間なのです。その前で喜ぶのは失礼でした」と言っている。もちろん今夏の高校野球奈良大会決勝の状況と、東京オリンピックの柔道無差別級決勝のそれは全く違う。しかし試合のときは全力を傾けて相手を倒そうとするが、試合が終われば相手に対して最大限の敬意を示すという意味では共通点がある。

そのヘーシンク選手をオリンピック前に天理に受け入れられたのが、「天理スポーツ」生み育ての親、中山正善二代真柱である。そして彼を鍛えたのがほかならぬ、オリンピックで日本柔道チームの監督となる松本安市天理大学監督だった。要するに、日本チームの監督が日本チームの最強のライバルを育てたのだ。

ヘーシンク選手だけではない。二代真柱はオリンピックに際して、西ドイツ（当時）や韓国の柔道代表選手も受け入れられた。昭和二十五年にはアメリカ水泳チーム、二十八年には西ドイツ体操チームなども天理に招いておられる。

二代真柱は、東京オリンピックの翌年、オリンピックを振り返って「参加した人々も、観衆となつた人々も、まさしく主義、国籍を忘れて、歓喜の坩堝に溶け合つたのであります。（略）特に将来ある若人の胸に、日本において印象された、世界は一つである、人間は親しくつき合う処に歓喜がある、と言う信念を得しめた事は、明日の地球人類に、戦争ではもたらし得ない大きな意義を会得させたものと信ずるのであります」（※1）と述べておられる。

さらに、「天理教の『陽気ぐらし』が、柔道にも通ずるんだ。持てる力をフルに発揮すること、そしてあくまでフェアであることが根本だが、ここにはじめて、相手も共に喜び合える試合が生まれるだろう。だれもが喜び、楽しんで毎日を暮らすことを念願する〝陽気ぐらし〟と、道は一つ」（※2）ともおっしゃっている。このお言葉の「柔道」の部分はそのまま「スポーツ」に置き換えることができるだろう。

二代真柱にとってスポーツとは、単に日本が勝った、ひいきのチームが勝利してうれしいといった矮小化されたものではなく、選手も競技を支える人も観客も、皆が喜べる陽気ぐらし世界の具現化だったのではないだろうか。だから、どの国の人も区別することなく迎え入れられた。そして天理でヘーシンク選手は、技量はもとよりスポーツの精神も会得したのだと思う。それが、オリンピック決勝戦での彼の態度になったのかもしれない。

この約三年間、世界のスポーツ界はコロナに翻弄された。天理のアスリートたちも例外ではない。振り返れば二年前の夏、天理大学ラグビー部では新型コロナの集団感染が起こり、世間から激しいバッシングを受けた。その中で、ラグビー部員たちは決して反論せず、なお焦らず腐らず黙々と練習に励んだ。そして、翌年一月、見事、悲願の初優勝を成し遂げ、世の人びとの喝采を浴びた。

コロナはあまりに苦い経験だが、そのおかげで再認識できたことも少なからずあった。何よりも、天理のアスリートたちが日本中の人にスポーツの意義を教えてくれたように思う。二代真柱の霊は、天理高校野球部の取った行動を本当に喜んでおられると思う。

（2022年11月号）

※1……『六十年の道草』（中山正善著　天理教教会本部）
※2……『六十年の道草』（中山正善著　天理教道友社）

第5章

道のこれからを考える

「プロ」と「アマ」の境界

すごい中学生が現れた。将棋の藤井聡太四段である。デビュー早々、これまでの将棋界の連勝記録を更新した。

以前、あらゆる競技の中でプロとアマチュアの差が最も激しいのが相撲と将棋であると、何かで読んだ記憶がある。本当かどうか知らないが、うなずけるところはある。

たとえば野球の場合、甲子園などで大活躍してプロに入り、翌年から一軍で活躍する人もいる。ゴルフに至っては、プロとアマが混合で競技をし、アマが勝つこともある。

しかし相撲の場合、学生横綱であってもプロデビューは幕下付出。野球でいえば二軍半といったところか。過去、学生相撲出身のプロで横綱になった人は一人しかいない。

将棋も、試験を受けて「新進棋士奨励会」に入り、師匠について実力をつけ、四段昇段とともにプロになれるらしい。米長邦雄永世棋聖が「兄たちは頭が悪いから東大に行ったが、俺は頭がいいから将棋指しになった」と言ったという話は有名だ（真偽は不確かなようだ）。それほど厳しい世界なのだ。藤井四段は末恐ろしい。

「プロフェッショナル」、略して「プロ」という言葉は、日本ではしばしば、その技術が特に秀でている人に対して使われる。「あの人はギターのプロだ」などと。しかし本来の意味は、それを職業にしている人のことだ。俗っぽい言い方をすれば、それでメシを食っているということである。

ということは、筆者は天理教のプロということになる。本誌を読んでいる方の中にも、天理教のプロはたくさんいるだろう。では、筆者は胸を張って「私は天理教のプロです」と言えるだろうか。率直に言って、いささか心もとない。読者諸兄はいかがだろうか。

宗教のプロ、つまり、その道の宣教、求道などをなりわいにしている人を、一般的に聖職者と呼ぶ。キリスト教のカトリック、東方教会、また東南アジアなどの上座部仏教、明治以前の日本仏教（浄土真宗以外）などの聖職者は、それぞれ出家し、さらに厳しい戒律によって、聖職者と信者、つまりプロとアマを明確に区別している。彼らは文字通り家を出て、一生妻帯せず、仏教なら剃髪し、肉食をしない。神道の場合、戒律はほとんどないと思うが、聖職者と信者の区別はある。それぞれ聖職者になるために、そしてその立場を維持するために、その道の勉強を真剣にせねばならない。一方、イスラムの場合、厳密な意味で聖職者と言える存在はないのではないか。

これらはスポーツになぞらえることができる。たとえばグラウンドでサッカーや野球をしている選手、これがいわば聖職者だろう。修行（練習）を積んで技を磨き、特殊な服装をして特殊なことをする。そして観客席で見ている人たち、これが信者である。服装は自由だし、特殊なことをするわけでもない。後方から参加するのである。選手と観客、つまり聖職者と信者が入り交じることはない。多くの宗教はそうした形であり、カトリックも神道も仏教もそうである。

それに比べて、イスラムは全員が観客席にいるようなものだろう。誰も特別な格好をしないし（特に女性は、イスラム以外の人間から見れば特殊に見えるが、イスラムでは普通の服装である）、特定の人だけが特殊なことをするわけではない。

では、お道はどうだろう。お道の場合、非常に独特で、観客席の人も熱心になってきたら、グラウンドに引っ張られて選手と一緒にプレーするようになる。つまり、信者として教会などに足しげく運ぶようになると、教会長などから「そろそろ、おつとめ衣を着て奉仕をしませんか」などと勧められる。

ここで戸惑う人もいる。実際、筆者がヨーロッパ出張所長のころ、ある熱心なフランス人にそのように言ったところ、彼は驚いて「俺は一生この教えを信仰するが、聖職者になるつもりはない」と言った。確かにカトリックでは、いくら熱心であっても、信者が法服を着て壇上に上がり、ミサを司ることはないだろう。

お道の場合、会長になるには、理の許しという尊い儀式があるが、ほかに仕事を持ちながら会長になっているケースもあるので、聖職者とは言い難いし、道専務の人を仮に聖職者と呼んでも、述べたように、聖職者と信者を分ける塀が非常に低い。

このことは、教祖はそもそも、人間はその属性で聖とか俗とか分けられるものではないと教えられているのではないか。ご自身、月日のやしろとなられても家庭の主婦であられたことからも明らかだと思う。

では、常に俗にまみれていていいのか。そうではない。「よくのないものなけれども　かみのまへにハよくはない」(『みかぐらうた』五下り目　四ツ)。誰にでも欲はある。筆者も今日まで欲のない人に会ったことがない。しかし、神の前、つまりおつとめ、おたすけ、ひのきしんなど神の御用をしているときは、欲を忘れよと教えておられるのではないか。

お道は聖職者と信者の区別があまりない。だから、先に挙げたような宗教の聖職者の方々に比べて、ともすれば道専務の者、あるいは教会長なども、実践はともかく教理の研鑽などに関して、ややおろそかになっているきらいがないとは言えないように思う。それでは教祖が意図されたところとかけ離れてしまうと思うのだが……。

（2017年10月号）

溶け込みやすさを

第四章で書いた「清掃も信仰実践」でも触れたが、サッカーについて考えてみたい。

それにしてもサッカー人気はすさまじい。ワールドカップは〝世界最大のイベント〟とも言われ、一説にはテレビの視聴率がオリンピックより高いとも言われる。

今回はフランスが優勝したが、フランスの初優勝はちょうど二十年前、折よく自国開催のときだった。筆者は当時、フランスに住んでいたが、試合中、街は恐ろしいほど静まり返り、点が入れば車という車が一斉にクラクションを鳴らす。優勝パレードはパリのメインストリートであるシャンゼリゼ大通りで行われ、百万人の人出があったという。翌日の新聞は「かつてフランス国民が、これほど一つになったことがあるだろうか」と大きく伝えた。

なぜ、サッカーはこれほど人気があるのだろうか。筆者なりの分析だが、大きく三つの理由があると思う。

まず、番狂わせがあること。サッカーでは、実力が下のチームが上のチームを破ることは珍しいことではない。これは見る者の興味を引く。日本がブラジルと試合しても、十回やれば二回くらいは勝てるだろう。

しかし、ラグビーでは番狂わせはあまり見られない。最近でこそ資格が緩やかになり、日本国籍を有していなくても代表メンバーに選出されるようになった。そのおかげで強豪国にも勝てるようになってきたが、以前の日本代表チームは、ニュージーランドなどに全く歯が立たなかった。それでは、つまらない。

第二に、用具にお金が掛からない。これは選手にとって大事なポイントだ。野球やアメリカンフットボールは用具にお金が掛かりすぎるので、アフリカなどの発展途上国で広く普及することは考えにくい。

実際、柔道では一九九七年にカラー道着の採用が決定された。その際、発展途上国では白と青の二つの柔道着を用意するのは経済的に厳しいから無理だという反対意見が挙がったほどだ。

サッカーは、ボール一つあればよい。だから、あまり豊かでない国々でも、大人も子供も盛んにサッカーに興じている。

三番目の理由として、ルールが簡単なことが挙げられる。たとえば野球のルールは、われわれ日本人の多くは子供のころから慣れ親しんでいるからよく知っているが、あらためて考えてみると、あれは難しい。アメリカンフットボールやラグビーのルールも、なじみのない者にとっては複雑だ。だから、とっつきにくい。筆者はフランス在住当時、イギリスのテレビ局が放送するクリケットの試合をよく目にしたが、当然だが、ルールが分からないので全く面白くなかった。

その点、サッカーほどルールが易しい競技はないのではないか。唯一「オフサイド」が少し難しい程度で、あとは手さえ使わなければよいのである。だから、ワールドカップなどでは、普段スポーツをほとんど見ない女性たちも熱狂して応援する。

番狂わせがある。用具にお金が掛からない。そしてルールが簡単。主にこの三つが、世界中の誰もがサッカーに親しみ、溶け込みやすいゆえんだろう。

誰もが親しみ溶け込める。これは宗教にとっても布教するうえで極めて大事な点ではないか。教祖の教えは「かなの教え」といわれるように、誰にでも分かりやすく説かれている。しかし私たち道の信仰者は、それをさらに噛み砕いて、今の時代の〝普通の人〟が理解できるように努力しているだろうか。

ここで言う〝普通の人〟とは、たとえば、特定の宗教を熱心に信仰しているわけではなく、週に五日間働いて、少しローンを抱え、世界情勢どころではなく、日々身辺の雑事に追われているといった、そんな世間一般の人たちのことだ。その普通の人が溶け込みやすい信仰、あるいは教会になっているだろうか。

たとえば、お道特有の用語を使うのはいいが、その意味をきちんと説明しているだろうか。また、月次祭などの講話の内容は分かりやすいか。「においがけ・おたすけに……」、これでは普通の人にとってチンプンカンプンだ。「月次祭にはいつもの人しか来ないので、今さら基本的な教理を説いても……」という言い分はあるだろう。確かにそれが現実だ。第一、普通の人はウイークデーには来られない。では別の日、たとえば日曜日に、教会に親しんでもらえる行事をすることも考えられる。同時に、お道独特の言い回しも、普通の言葉に〝翻訳〟する。「身上」は病気、「直会」は食事会でいいと思う。

筆者はヨーロッパ出張所長を務めていたころ、毎年のチャリティーバザーに、未信仰の人にもスタッフとして参加してもらっていた。出張所内に入り込んでもらって、台所で模擬店のたこ焼きを焼いてもらったのだ。出張所はいわば公のものだから、それでいい。

教理セミナーも、長期にわたると参加しにくいので、期間を短めに設定した。テキストも、『稿本天理教教祖伝』などをさらに噛み砕き、分かりやすいものを作った。その結果、今も毎年、初めて信仰にふれるという人が参加する。それが出張所の仕事だ。

自分たちだけの信仰の世界に浸り、安住しているのは誠に心地よい。しかしそれでは、外には伸びていかない。そこには普通の人は溶け込めないからだ。

（2018年10月号）

サマータイムから考える

先ごろ自民党は、再来年の東京オリンピック・パラリンピックに向けて、サマータイム制を導入する検討を始めた。サマータイムとは夏の間、時計の針を通常よりも一時間ないし二時間早めるものだ。これによって、朝の涼しいうちに競技を始めることができる。

一方、長年サマータイムを導入してきたEU諸国は、皮肉なことに、今年から廃止の検討を始めた。その理由は、サマータイム制導入の本来の目的である省エネルギー、つまり明るいうちに仕事を終えることによって電力などの消費が抑えられるといわれていることについて、実際に効果があるのか疑わしいと考えているからだ。

筆者が在欧中も、この制度を廃止すべきという声はすでにあった。省エネになっていないということ以外に、乳幼児の発育に悪い影響がある、家畜の健康に影響を及ぼし乳の出具合が悪くなる、さらには自殺者が増えるといった調査結果もあるようだ。

日本では、戦後間もない昭和二十三（一九四八）年からＧＨＱ（連合国軍総司令部）の命令で実施されたが、効果がなく三年で終わった。時計を一時間早めるということは、仮に会社の終業時間が午後五時だとすると、サマータイムの五時は通常の四時だから、夏ならば、まだ日が高い。それで会社を後にすればいいのだが、日本人はお天道さまが昇っているうちに帰ることができなくて、かえって残業が増えるということもあったようだ。

再来年の導入については、現在のところ反対意見が圧倒的なようだ。日本全国のすべての時計を早め、さらにコンピューターの設定、電車や飛行機の運行、テレビ・ラジオ放送なども一斉に変えねばならない。だから物理的に無理だという。

筆者も、日本人の性格では無理だろうと思う。ヨーロッパでは三月の最終日曜日に時間を変更し、十月の最終日曜日に元に戻すのだが、夏の間、街頭の時計が通常時間のままになっていても、「どうせ半年経ったら元に戻るのだから面倒だ」と言って、平気でそのままにしておくことがざらにある。サマータイムになったことを忘れていて飛行機に乗り遅れる人もいるが、それは「あなたの責任」で済まされる。

このように、欧米人のような、良く言えば大らか、悪く言えばいい加減なところ、と同時に自己責任意識の高さがないと難しいだろう。

昭和二十三年、本部の朝夕のおつとめはどうなったのだろうか。当時の『みちのとも』には「サンマー・タイム（サマータイムのこと＝筆者注）に準じて五月二日から九月十一日まで（中略）朝夕のお勤め時間は既定時間から夫々一時間宛繰下げる」と記されている。

本部の朝夕のおつとめは、周知のように日の出、日の入り、つまり太陽の運行に合わせてある。日中の時間が一番長い六月は朝づとめが午前五時、夕づとめが午後七時半である。それを、当時サマータイムが始まってからもそのままの時刻で行うのではなく、それまで通り太陽に合わせて朝づとめ午前六時、夕づとめは午後八時半としたのだ。朝は少しゆっくりして、おぢば全体の生活がやや夜型になったのではないか。

仮にサマータイムが始まっても規定の時刻に行っていれば、午前五時は実際の午前四時だから、まだ真っ暗な中での朝づとめになる。午後七時半は午後六時半だから、真夏の太陽がまだ光り輝いているときに夕づとめが始まっていた。もちろん、二時間早めれば、もっと極端になる。

どうでもいいことのようだが、実はお道が世界へ伸びていくために、これは割に重要な問題だと思う。日本では朝夕のおつとめが通年同じ時刻という教会もたくさんあるが、それはどちらかといえば、近所の騒音問題など、社会的配慮によるのではないか。理想的には日の出・日の入り時刻に合わせればいい。

しかし、世界の土地所において、朝夕のおつとめを太陽の運行通りにしたくても、自然の問題ゆえにできない地域がある。

たとえば、筆者が所長を務めていたヨーロッパ出張所はパリ郊外にある。パリは緯度で言えば、かなり北、樺太辺りである。だから夏と冬の日昇・日没時刻の差が大きい。もし太陽の運行に合わせれば、夏の朝づとめは午前五時ごろだが、夕づとめは、サマータイムを実施していることにもよるが、午後十時ごろとなり、現実に無理である。実際、出張所近くの公園の夏の閉園時間は午後九時。子供たちも午後九時、十時でも普通に屋外で遊んでいる。逆に冬場は、空が白み始めるのが午前八時半ごろで、七時半の出張所の朝づとめ時には、外はまだ真っ暗である。ちなみに子供たちは真っ暗な中、登校する。

さらに北へ行けば、その傾向はもっと強くなる。そして地球上には白夜、つまり夏場は一日中、日が沈まず、逆に冬は極夜となって、終日、日が昇らない地域がある。こうなると、いつ朝夕のおつとめを勤めたらいいのか分からない。

この問題に象徴されるように、世界にはいろいろな面で、日本と同じようにしようと思ってもできない地域がたくさんある。そんな中で道の教えを広めていくには、道の習慣をその土地、その土地で応用していかざるを得ない。これが難しい。

（２０１９年１月号）

理と情のはざまで

昨年十月末のハロウィーンで、東京・渋谷で仮装をした若者たちが暴走し、大騒ぎになった。筆者はその数日後の十一月初め、メキシコにいた。十一月一日は、メキシコでは「死者の日」であり、大事な祭日である。街中、至る所に骸骨の人形やドクロのオブジェが飾られていた。十一月三日に訪れた、ある国立の音楽学校では、ロビーの一角が花で飾られ、遺影が数枚並べられていた。聞けば、二日前の「死者の日」の儀式の飾りつけが、まだ撤去されていないという。

『ケルト　再生の思想』（鶴岡真弓著　ちくま新書）によると「死者の日」は、ヨーロッパの先住民族・ケルト族のサウィンという祭りが起源らしい。ケルト族は、十一月一日が暦の始まりで、その日に死者を供養した。それがカトリックに取り入れられ、今日残っている。だから、その日は墓参りをする人も多い。その「死者の日」の前夜に、お化けを模したカボチャのランタンで亡き人の霊を迎える。その行事がハロウィーンとなった。日本の盆と同じと言っていいだろう。

現在フランスやイタリアなどの国々では十一月一日は万聖節（亡き聖人を悼む日）で、二日を「死者の日」（万霊節）としている。先に述べたメキシコの学校の「死者の日」の儀式跡は、ささやかな一隅だったが荘厳な雰囲気で、日本のハロウィーンの渋谷の喧騒とは似ても似つかない空気が漂っていた。

このように、キリスト教のさまざまな祭典の中には、キリスト教独自のものもあるが、古来、風習として残っているものを取り入れたものも多い。よく知られているところでは、クリスマスがある。これは冬至の祭りをアレンジしたものと言われている。北半球に住む人びとにとって冬至は「一陽来復」、つまり太陽がまた近づいてくるうれしい日だ。その祭りをイエスの誕生の祭りに重ねたのだ。

しかし疑問も湧いてくる。古来の風習とはいえ「死者の日」は、いわば異教徒の祭りである。それをキリスト教の祭日にするということは、いわば人間の情によって理を曲げたと言えなくもない。

ご承知のように、カトリックといえば、マリア信仰がある。フランスのあちこちにある「ノートルダム寺院」の「ノートルダム」とは、直訳で「私たちの貴婦人」、つまり聖母マリアのことである。しかし聖書には、マリアを拝めといったことは書かれていない。だから、聖書の記述を厳格に守ろうとするプロテスタントはマリア信仰を認めていない。これも理ではなく、情によって始まったものと言えなくもない。イエスの母を慕う人びとの素朴な感情が、マリア信仰となっていったのだろう。それはそれで良いのではないかと筆者は思う。

理と情、これはどの宗教にも存在する課題である。情をどれだけ抑えて理に従うかが重要であることは当然だろう。『稿本天理教教祖伝』を読めば、あくまでも理を求める神と、法律や旧弊に縛られざるを得ない人間の、息詰まる理と情のせめぎ合いが随所に見られる。

ただ、親神は、理に徹することを求めて冷酷非情なように思えるが、決してそうではない。筆者は、教外者のある外国人から「天理教には教祖は存命、人間は生まれ替わるという教理があるのに、なぜ墓参りをするのか?」と問われたことがある。確かに、教理に厳格に照らせば、墓に参るのはそれに矛盾するという考え方をする人もあるだろう。しかし、それは自然な情の発露だろう。

明治二十年、教祖が現身をかくされた後の『おさしづ』に、「この身体はちょうど身につけてある衣服のようなもの、(中略)捨てた衣服には何の理もないのだから、どこへ捨ててもよい」（中山正善著『ひとことはなし　その二』から―一部、筆者が文字遣いを変更。公刊の『おさしづ』には不掲載）とあった。しかし初代真柱は後年、教祖の墓地を造られ、それに際していちいち、『おさしづ』を伺われている。そして親神は、それぞれの伺いに対して速やかにお許しになっていることを考えても、教祖や私たちの先祖の墓に詣でることは、何も間違ったことではないと思う。

「一身一家の都合を捨てて」とよく言う。それは実に立派なことだ。しかし、筆者は今日まで、自分自身を含めて、一身一家の都合を捨てて理に徹しきっている人を知らない。第一、家族を大事にすることも、教理の重要なかどめだ。たとえば、所属教会の大事な行事と子供の入院が重なった。病院に飛んでいってやりたいが、大切な御用がある。そこで悩む。どちらを取るべきか。その答えは、結局は一人ひとりに任されている。どちらを取るかということよりも、その「悩むこと」に意味があると考える。

筆者は思う。「一分のすきもなく、いささかの遺漏もない」（『天理教教典』第四章「天理王命」理の世界。そこに、でこぼこの人間の情をはめ込もうとする。当然、隙間ができる。その隙間が、いわば心の中の潤いであり、それは決して悪いものではない。いやむしろ、この潤いがあるから、人間は生きていけるのだろう。そして、その四角四面の理という名の器に、いびつな情をきちっとはめ込もうとする営みを、私たちは信仰と呼ぶのだと思う。

（2019年3月号）

自己完結した社会

この四月、政府は改正した入国管理法を施行した。その法律を詳しく知っているわけではないが、これによって外国人は、今までよりも日本に定住しやすくなった。現在、日本は人口減少社会を迎えており、労働力が大きく減っている。その分、外国人で補おうという意図もあるのだろう。

筆者は、これは良いことだと思う。先進国の中で、日本は特に定住外国人の数が少ない。言葉をはじめ、日本は独特の文化を持ち、それが原因で外国人が入りにくかったこともあるだろうが、治安の悪化などを恐れて国が積極的に受け入れてこなかったという面もあると思う。

そんな折、歴史人口学者のエマニュエル・トッド氏が、読売新聞（2月28日）のインタビューに答えて興味深いことを言っている。

トッド氏は、日本に住んでいる外国人が少ないことについて、「日本人どうしの居心地は申し分なく、幸せなのです。日本社会は自己完結の域に達している」と述べる。つまり、日本は自己完結しているので、日本人同士で生きる、ゆったりした状態を抜け出すのが億劫になっているというのだ。仲間内のサークルで盛り上がっているとき外の人を入れたくない、それと同じだろう。

続いて「『日本人どうし』に固執する先には衰退しかない」と厳しく指摘する。日本の出生率がこの先急上昇するとは考えにくく、一方で医学の進歩もあり、ますます高齢化は進むだろう。そうなると生産人口は減り、国力が落ち、衰退は免れない。今でも地方へ行くと過疎地だらけで、商店街は軒並みシャッターが下ろされており、その実感がある。

氏は「移民受け入れの最大の障害は（中略）日本社会の自己完結にある」とも言う。筆者は長年、移民との共存を図ってきたヨーロッパに住んだからだろうか、氏の主張がよく理解できる。新聞を読みながら、うなずくことしきりであった。知らずしらずのうちに、日本という社会が「外」を拒んできたのである。

トッド氏のこの主張は、今のお道に当てはまらないだろうか。本教ほど自己完結した宗教団体は珍しい。つまり、教会本部には炊事本部や水道課、造園課などがある。詰所という宿舎も含めて、こういうものを持っている宗教団体は世界でもあまりない。学校も幼稚園から大学まで整っており、病院もある。さらに火葬場（現在は天理市が所管）から墓地まで。つまり、自己完結している。

確かに、炊事本部や詰所がなかったら、帰参者の食事や宿泊が大変になる。しかし、カトリックのいわば総本山であるバチカンや、あるいは日本の仏教の各派でも、時には大きな行事に何万人という信徒が寄り集うことはあるだろう。その際、教団が信徒の宿舎や食事の世話をすることはないと思う。皆、自分でなんとかする。実際に聞いたわけではないが、食事、宿泊もすべて教団が世話するとなると、バチカンでも、百人規模の集いすらできないのではないか。

本教が自己完結していることは、無意識に私たちの日常生活にも現れている。たとえば男女を問わず教団組織に勤めている人で、名刺を持っていない人がいる。今の日本で、何らかの組織に属して働いている人で、名刺がいらないというのは考えられない。しかし外部の人との接触がまったくないので、名刺などいらない。電気が故障すれば電気課、水が出なければ水道課にお願いすればよい。

付き合っている友人も、お道の人ばかり。人と会うときも、普段着の上にハッピを引っ掛けて平気で出かける。教団内ではそれで通る。出版される読み物、教団関係者が催すイベント、その場での講話もほとんどが信者向けと言っていいだろう。すべからく、顔が内向きだ。外の人と接すれば、価値観も異なるし考え方も違う。会話の内容一つで、反論されたり論争になったりする。無神論者もいるだろう。いきおい、話や書き物の内容も慎重に練らざるを得ない。大変面倒になる。

しかし、トッド氏が日本に対して指摘したように、自己完結しているからお道の中はお道の人間同士で居心地がよく、外の社会と交わることが億劫になってしまっているのではないか。

筆者は自己完結が悪いと言っているのではない。むしろ逆である。教えはもとより、整備された組織、活動、それらを総称して仮に〝天理教文化〟と呼ぶならば、それは素晴らしいものだ。だからこそ外の人にこれを見てもらい、知ってもらわねばならない。そのためには、億劫さをはねのけて、積極的に外の人と付き合い外の人を取り込むべきだ。

筆者は立場上、ほぼ毎日、誰かと名刺交換をしている。会議や各種会合で、周りの人が見知らぬ人ばかりということも常にある。緊張するし、気後れもする。しかし、しばらくすると、そうして友人や知己が増えていくことに、喜びを感じるようになってくる。

トッド氏は結論として、「日本の魅力に自信を持つこと。（中略）日本に働きに来る人びとが日本文化に魅了され、日本人になることを誇りに思う可能性は大きい」と述べる。

この言葉はすなわち、お道にも当てはまる。この教えに自信を持つこと。そして、本部や教会を訪れた人が天理教文化に魅了され、お道の信仰者になることを誇りに思う。その可能性は限りなく大きい。

（2019年5月号）

若者の力

去る九月二十三日、ニューヨークの国連本部で行われた「国連気候行動サミット」で、地球温暖化を憂えてストライキを続けているスウェーデンの十六歳の少女、グレタ・トゥンベリさんが演説した。

「あなたたちが話しているのは、お金のことと経済発展がいつまでも続くというおとぎ話ばかり。恥ずかしくないんでしょうか」

このサミットの直前、九月二十日には、彼女に賛同する数百万人の若者が「グローバル気候マーチ」に参加し、気候変動の取り組みの遅れに対して世界中で抗議行動を行った。グレタさんは「若者の団結は誰も止められない」と訴えかけている。

一方、香港では、若者たちが政府への抗議活動を続けている。破壊行為や暴力には賛成できないが、自分たちで香港の一国二制度を守ろうとする懸命な思いは理解できる。

二〇一四年にノーベル平和賞を受賞したマララ・ユスフザイさんは、イスラムの女性たちが教育を受ける権利を主張し、十五歳のとき、自国パキスタンでイスラム原理主義組織タリバンに襲撃されて瀕死の重傷を負った。マララさんも、国連の場で「一人の子供、一人の教師、一冊の本、そして一本のペン、それで世界を変えられます」と演説し、世界中に大きな感動を与えた。

若者の言動は多くの人びとの心を震わす。その主張を、若者特有の青臭い理想主義だと言う人はたくさんいるだろうし、確かにそうかもしれない。しかし、そういう理想主義に燃えた若者の力が、組織を、世界を変えていった例は決して少なくない。

筆者は、本教の若者たちにも大いに期待する。学生会活動は、昨今の学生人口の減少はあるが、それでも盛んである。ところが、彼らが学生会を卒業し、青年会あるいは婦人会、女子青年活動へ参加するようになると、足が遠のいたり、必ずしも学生会時代のように生き生きしていなかったりするように見える。

なぜなのだろう。一つには、社会人になって、世の中は理想だけでは動かないことに気づく。言い換えれば、分別がつくということでもある。さらに、時間的な余裕が少なくなってこれらの活動に参加できなくなったということもあるかもしれない。

しかし、最も大きな理由は、学生会では自分たちで意思決定し、自分たちでそれを実行していたのが、青年会となった途端、知らないところで物事が決められ、自分たちはそれに従うだけ、となるからではないか。これでは、会活動への熱意は弱まるだろう。

教会でも同様だ。いろいろ企画しても、年配の人たちがなかなかそれを受け入れてくれないと嘆く若者の声は少なくない。一方、年配者は「若いのに任せておけば、何をするか分からない」と、のたまう。本当にそうだろうか。

道の将来をまじめに考え、真剣に物事に取り組んでいる若者は多い。だから時には、彼らの好きなようにさせてみてはどうだろうか。教会に集う人が一層増えるかもしれない。

実際、筆者がヨーロッパ出張所長を務めていたころ、「若者の集い」をわれわれ大人が企画、運営しても一向に盛り上がらなかった。ところが彼らにすべてを任せたところ、参加者は増え、一挙に活気づいた。討議でも、率直に言って、年配者よりも、はるかに真摯に道について論じていた。

今一つの理由は、学生会と違い、青年会、婦人会に入ると、突如として性別で組織が分かれる。それで冷めた感覚になってしまうのではないか。もちろん、道の活動に参加するのは異性に出会うためではない。それは間違いないが、若い独身の男女が異性を求めるのは、ごく自然なことである。神が決めた摂理と言ってもよい。

そもそも、道のさまざまな会活動は、それ自体が目的ではなく、あくまでも手段である。目的は言うまでもなく、それらを通して道の伸展を図り、あるいは会員たちが教理の研鑽に励むことだ。会活動は、そのための手段に過ぎない。だから種々の活動自体が盛り上がるなら、青年会員と若い女性が一緒に活動することが当然あっていいと思う。

それが、ややもすると、会活動そのものが目的化しているきらいがないだろうか。それで、いわゆる「木を見て森を見ず」ということになって、教会につながる人自体が減ってしまったら本末転倒だ。

仮に教会や教区の活動に男女が参加し、そこで心の通い合う異性に出会って交際が始まり、やがて結婚となったら、これほど素晴らしいことはない。そんなカップルがどんどん生まれれば、教祖はどれほどお喜びだろうか。

誤解しないでもらいたい。筆者は、性別で分けた組織を否定しているのでは決してない。婦人会は、もともとご神言で始まっているし、女性は女性同士でしか分かり合えないこともある。第一、性別で分けた組織は何も本教だけではなく、世界中にたくさんある。同性による組織の存在意義が大きいからだろう。

ただ、その中でも、時には性差を超えて、男女が一緒になって活動することも大いにあってしかるべきだ。そういう雰囲気に引かれてくる若者たちがいてもいいではないか。教会や教区活動の中に、いつも若い男女が溢れている。これこそ陽気ぐらしの姿であり、そこから自然に道の勢いも増していく。

この道に新鮮さを吹き込み、活力を与えてくれるのは若者たちなのである。

（2019年12月号）

宗教とテクノロジー

最近、各種メディアにはIT、IOTとかAIなどの文字が頻繁に躍っている。正直に言って、昭和三十年代初頭生まれの筆者はついていけない。ただ、確かにこういった技術革新のおかげで、身の周りが猛烈な速さで便利になっているのは実感する。

海外にいる人と、いつ何時でも顔を見ながら簡単に話ができる。間もなく、わずか一滴の血液でがんを発見できるようにもなるらしい。空飛ぶタクシーも、実用化が現実的になってきた。

こういった、いわゆるテクノロジーがなじみにくいのが、伝統や形式を重んじる世界だろう。たとえばテニスの試合などは、もうコンピューターが微妙なところを判断している。しかし大相撲は、今なお行司に加えて勝負審判が五人もいる。彼らは羽織はかまという大仰ないでたちで控えていて、微妙な判定には土俵上でごにょごにょと相談する。当然、判定はほとんどがビデオ頼みになるのだが、この制度はやめない。相撲は伝統、格式を重んじるからである。

宗教も同じだろう。たとえば祇園祭の鉾が自動運転で運行されるとなると、興ざめする。筆者はある寺で、スイッチを入れると自動で祭壇の御簾が上がり、奥から厨子のようなものが出てきて、観音開きの中から仏像が出てくるのを見せてもらったことがある。かなり違和感があり、聖なる気分にはならなかった。

お道でも、本部神殿上段の明かりは、今も灯明とロウソクだけだ。御供《ごく》は今でも、一袋ずつ手作業で入れられている。神に仕えるということは、便利さを追求することと相いれない部分がある。

ただ、全く先進技術を取り入れないのかというと、そうでもない。布教のため、当然、教団としてホームページも開いている。筆者は道友社社長時代、思いきって、フェイスブックなどSNSによる広報活動を始めた。これらは今後も大いに活用すべきだと思う。ちなみに東京の、あるキリスト教の教会がツイッターを始めたところ、日曜礼拝の参加者が一年で二倍になったという。要は程度の問題だろう。

筆者はヨーロッパ出張所長だったとき、出張所の台所に業務用食器洗い機を入れた。なぜかというと、月次祭の直会時、少し時間が経つと、婦人たちの多くが台所に入り、食器洗いに掛かってしまうからだ。すると、初めて出張所を訪れた人と、せっかくいろいろな話をしてもらいたいのに、それができない。海外拠点にとって、そこに足を運んでくれた未信の人と布教師が話をするのは重要な布教活動だ。

食器洗い機を入れてからは、婦人たちも男性たちとともに、連れてきた信者さんなどと話ができるようになった。しかも水の消費量は減り、毎月の水道代が下がった。機械導入の際には、「ぜいたくだ。それくらい、ひのきしんでやるべきだ」という反対もあったが、入れて良かったと今も思っている。

そんな今、宗教家として考えさせられる問題がある。ある大手のインターネット通販サイトが、二〇一五年から「お坊さん便」というサービスの取り扱いを始めた。これはインターネットで受注し、葬儀などに定額で僧侶を派遣するという事業だ。かなり衝撃的だが、これを始めたところ、僧侶たちから派遣登録を希望する問い合わせが殺到した。一方で、全日本仏教会は、宗教行為を商品扱いしていると失望感を表明して抗議。「お坊さん便」の事業者は昨年十月、その通販サイトから撤退した。

実際にインターネットを見ると、似たようなサービスがあった。「お葬式お坊さん手配チケット（通夜・葬儀、戒名あり）」とあり、料金も明示してある。また「法事（2法要まで）」というのもあり、これはかなり安い。余計なことだが、どちらも「新品」と書かれているのは、どういう意味だろうか。お坊さんに新品とか、中古とかあるのだろうか。

事の善し悪しはともかく、なぜ、こういったサービスが始まり、一定の需要があるのかを考えてみたい。先述のように仏教会は反対したが、それに対して多くの批判が、事業者にではなく仏教会に寄せられた。つまり多くの一般人が、この制度を受け入れているのだ。

その理由の一つに、お布施の額の不透明感が挙げられるだろう。このように、はっきりと示されていれば安心だし、いやらしい言い方だが、より安い人を選ぶこともできる。

一方、派遣登録を希望する僧侶の多くは、檀家と寺の関係を維持・継続することが困難になっているという。結婚や就職による住居の移転が激しくなった現代社会では、家と寺との関係が希薄になってきているのだ。さらに、濃厚な人間関係を疎んじる昨今の風潮も、それに追い打ちをかけていると思う。だから葬儀などのとき、どこに連絡すればいいのか分からない人が少なくなく、そういった人たちがこのサービスを利用しているのだろう。
檀家と寺の関係の希薄化、この問題の本質はここにある。そして同じ問題が本教にもあるのではないか。このことを次項で考えてみたい。

（2020年4月号）

縦と横のネットワーク

前項で、仏教では現在、檀家と寺の関係を維持・継続することが困難になってきていると述べた。時代が進むとともに結婚や就職などによる住居の移転が激しくなっており、それも信仰離れの原因の一つだろう。たとえば臨済宗妙心寺派では、寺院三千四百カ寺のうち約一千カ寺が無住状態だという（※）。そして同じことが、本教にも当てはまるのではないかと思う。仏教の例を他山の石として考えていかねばならない。

現代社会では、故郷から他所へ移住することが当たり前になっている。筆者がそれを如実に感じたのは数年前、こどもおぢばがえりの係を務めていたときである。団体の子供たちに「どこから帰ってきたの？」と聞くと、多くが答えに窮する。初めは恥ずかしいからだと思っていたが、実はそうではなく、一教会の団体といっても、それぞれバラバラの場所からおぢばで集合して、こどもおぢばがえりに参加するケースがあるからだ。だから、どこから帰ってきたかと皆に問われても、答えようがないのである。

そして、仏教のケース同様、本教の教会とその所属信者の間でも、引っ越した途端に、教会から疎遠になってしまう例が少なからずある。教会を敬遠しているのではなく、物理的に遠いがゆえに、月次祭などに足を運びにくくなっているケースが多いのだ。

仮に、引っ越して少し疎遠になる。やがて時間の経過とともに教会に行っても知り合いも少なくなり、居場所がなくなる。すると、さらに足が遠のく。そして、その子、孫の代に至っては、もうまったく教会が遠い存在になる。結果、道の信仰自体が切れることも少なくないように思う。

筆者は、本教の教会制度は組織上、極めて大切なものだと考えている。教会制度があるから、たとえば自教会で、古老の人たちや信仰の友たちとの語り合いがあり、その中で自らの信仰が磨かれていくことが実際にある。それが月次祭に行くことの楽しみの一つでもある。また、教会に対する、いわゆる帰属意識が強く、それが教会や教区単位でのひのきしんなどの奉仕活動に参加する意欲を高めさせている。他宗教に例を見ない災害救援ひのきしん隊などは明らかにそうである。

海外で信仰する者にとってはなおさらだ。おぢばへ帰り、詰所に着くと、同じ教会の旧知の人たちに「〇〇さん、お帰り」と言って迎えられる。時には、詰所で一杯やりながら談笑することもあるだろう。それらが何とも言えない心の癒やしになる。多くの海外教友たちが、本部の祭典が終わってからも、おぢばでゆっくりする理由はそこにある。もし詰所がなければ、おぢばに帰ってきても落ち着く場所がない。落ち着かなければ、参拝が終わったら、まるでホテルをチェックアウトするかのように、さっさと出立するよりほかない。

また普通に考えれば、筆者夫婦は筆者の子供たちよりも先に出直すだろう。子供の中には海外にいる者もいるが、もし教会制度がなければ、筆者夫婦亡き後、子供たちはおぢばに帰ってきても、やはり落ち着く先がない。しかし現実には教会の詰所があるから、親亡き後も、おそらく何の遠慮もなくゆっくりと過ごせる。

結婚や就職などで教会と距離的に遠くなるのは致し方ない。その移住先で新たな家庭、人間関係を築いたなら、老後に故郷へ戻るのも、なかなか難しくなっていくだろう。そして今後、その傾向はますます強まりこそすれ、後戻りすることはないだろう。

ならば、所属教会でなくても、系統が違っても、近くの教会に参拝すればよいのではないか。修理巡教で訪ねたいくつかの教会で、「他系統の方ですが、月次祭に来てくださる方が近所におられます」、あるいは「信者が遠くへ行きましたが、向こうの教会でお世話になっています」といった声を聞いた。結構なことだ。

教会と教区・支部は、あっちかこっちかではなく、いわば車の両輪だろう。肝心なことは、教会から遠くなっても信仰を失わないということだ。これらを人間社会にたとえれば、教会は生まれ育った「家庭」、教区・支部は「学校」のようなものだと思う。学校で多くの人たちに揉まれて成人していく。しかし、それでも生まれ育った家庭は忘れるものではないし、正月や盆といった時季には顔を出す。

同様に、普段は近くの教会の祭典に参拝し、その地域で少年会、婦人会などの行事に参加する。しかし、できれば年に一度くらいは自教会にも顔を出す。一方、教会側も、遠くへ引っ越した信者にはそういう働きかけをし、また教区・支部側からも教会と連絡を取り合う。いわば縦横のネットワークを構築していくことが重要ではないか。

事実、海外ではすでに、こういった形が確立している。すなわち普段は伝道庁、出張所などを中心に地域で信仰を高め合い、そして年に一度でも、おぢばへ帰った機会には、自教会などに足を運んでいる教友が圧倒的である。だからといって、当然だが何か信仰がゆがむとか、そんなことは全くない。いやむしろ、筆者の知る範囲では、そういう海外の教友の方が自教会との結びつきが強いようにさえ感じることもある。

（2020年5月号）

※『寺院消滅　失われる「地方」と「宗教」』（鵜飼秀徳著　日経BPマーケティング）

持続可能な組織

昨今、盛んに、「持続可能な……」と言われる。日本経済は低迷し、加えて今後ますます若者は減少し高齢者が増える。気候変動は止まらない。そんな中で、持続可能な社会、持続可能な組織の形を模索していかねばならない。宗教団体もそれは同様だと思う。本教も、持続可能なだけではなく、同時に発展する道を探っていかねばならない。

そのためには経営的視点を持つことも重要だと思う。経営的視点などというと、「神一条で通るべき道の信仰なのに、不謹慎だ」というお叱りを受けそうだが、筆者はそうは思わない。もちろん、損得を超えて人だすけすることが軸であることには違いはないのだが、むしろ、もったいないことを避けつつ伸展を図るためには必要不可欠だ。実際、伝統仏教の中のある宗派は、運営にビジネス感覚を取り入れて参拝者が二倍になったという。

経営的視点といっても金もうけをしようというのでは決してない。教団の各組織の持っている物的、人的資源を最大限有効に使うということだ。そして、それは世のためにもなるし、結果的に持続可能な組織の運営、さらに布教につながっていく。

学校法人の設立目的も公益だが、たとえば天理大学は一般社会人相手の語学教室を開いている。もちろん、経営を考えて受講は有料である。そこに、すでに定年退職した人や一般の主婦が学んでいる。こうして、大学がもう一度勉強をしたいと思っている人たちの欲求に応えることは、公益に資する。加えて校名の宣伝ができ、同時に受講料が入る。受講料が入ることで講師への謝礼も払えるし、長く続けていける。

かつて本教に「天理教教庁印刷所」というのがあった。名前のごとく、『おふでさき』などの原典をはじめ、『みちのとも』など教内誌を印刷する部署であった。それが、やがて教庁の組織から出て「株式会社天理時報社」となり、一般の印刷もするようになった。筆者はその経緯をすべて知っているわけではないが、そのことで利益を生み出し、従業員を安定的に雇用でき、新しい機械の導入も可能になったのではないか。それがまた、教内印刷物にも生かされたことだろう。従業員は多くがお道の人間だ。つまり道の信仰者の就労を助けることにもなっている。

「よろづ相談所」は、元々は天理教校よのもと会内の組織であった。それがやがて病院となり、一般の人も診るようになった。筆者は先日、ある一般のセミナーで講師を務めたが、質疑応答の際、ある参加者から、「私の学生時代の同級生が、ある病院で医師をしている。彼が『俺は病気になっても自分の病院には絶対に入院しない。天理よろづ相談所病院に入院する。あんな親切な病院はない』と言っている。なぜなのか」という質問を受けた。筆者は「おそらく看護師、事務職員などの信仰的素養が高いからではないか」と答えた。同病院のおかげで、教団そのものの信頼性が大きく増している。

元は教団内にあった小さな印刷や医療部門を、社会に溶け込んだ組織にした。そうなると当然、経営を考えねばならないが、それは従業員のワクワク感につながり、組織が活性化する。さらに、道の若者を雇用できるし、外に向けて大きな布教もできる。昨今はやりの言い方をすれば、ウィンウィンである。

ある教会は都会にあり、神苑が広い。以前より、その地域では幼稚園、託児所が不足していた。子供を預ける場所がないために働きたい主婦が働けなかった。そこで教会では、専門事業者と相談し法的問題をきちんとクリアして、神苑に幼稚園を建てて事業者が運営することになった。地域の住民は大喜びで、教会は土地の使用料を施設維持の足しにできるだろう。教会の資源を有効活用して、しかもそれが地域の人たちへの人たすけになっているのだ。その中から教会の行事に参加しようという人が現れれば、においがけにもなる。こんな素晴らしいことはない。

人的資源の活用についても、経営的視点を持つことは必要だ。たとえば教会長後継者だが、現会長がまだまだ元気だという人は多い。ならば自分が持っている資格、たとえば社会福祉士ならばそれを生かして専門の施設などで働くのも一つである。介護士しかり、看護師しかりである。それが障害者、お年寄り、困っている人へのおたすけになるし、家族からも感謝される。さらに、多くの人と人間関係を結ぶことができる。そのことは、いずれ教会長になったとき(教会長になってからも続けたらいいと思うが)、役立つことになる。もちろん、給与もそれなりにいただいたらいい。社会で働くことが、神一条の精神から外れているわけでは決してない。せっかく資格がありながら、それを活用しない方がよほどもったいないことをしている。

報酬を得ることは、ひのきしんの態度と矛盾するものではない。「くにさづちのみこと」のお働きは、金銭や縁談など万つなぎの守護の理と教えられるが、事実、金銭的につながることによって、活動そのものを継続させていけるし人間関係も続いていく。先に挙げたような社会人への語学教室でも、無料にすると多くの人が途中でやめてしまうのだ。もちろん、決して暴利をむさぼってはいけない。しかし、それにふさわしい対価は払ってもらった方がいい。

今、道は閉塞感に溢れている。これを打破するのは、新しい発想だと思う。人びとの心が鬱屈していた封建社会の世にあって、一列きょうだい、男女平等、陽気ぐらし、天国や地獄はない、悪霊、祟りの類もないと、当時としてはまったく新しいことを人びとに教えられたのは他ならぬ、教祖その人である。だから道は伸び広がった。

発想を新たにして、経営的視点を持つということは、信仰と相反するものでは決してない。

（2023年2月号）

「建学の精神」具現化に向けて

日本では今、全国で大学の統廃合が進んでいる。文部科学省も、この流れを後押ししている。こうした中、筆者が学長を務める天理大学と、天理医療大学が二〇二三年四月一日をもって合併することになり、先ごろ教内外へ発表された。天理医療大学は天理大学医療学部として再出発することになる。

言うまでもなく、両大学はともに教祖の教えをバックボーンにした大学である。この合併により、天理大学はお道の大学として一層その役割を果たしていくことが期待される。また同大学は、二〇二五年には創立百周年を迎える。このたびの合併は、百周年を目指しての大学改革の一環でもある。

まず、この合併は十八歳人口の減少という社会状況下で、無論、経営の効率化を見据えてのことでもあるが、それは主目的ではない。むしろ二つの大学が統合して、従来にも増して専門的知識に通暁した道の布教者を育《はぐく》んでいこうというものでもある。

筆者は、これにより学牛たちの学修の幅が大きく拡大し、意欲を向上させると考えている。もちろん、卒業後の進路拡充にも寄与することになるだろう。具体的に言うと、五つの可能性が見込まれる。

まず、学部を超えた学び、研究の可能性である。宗教学や臨床心理、社会福祉を学ぶ道の学生たちが、医療も学ぶ。このことは間違いなく、将来の布教活動のうえに大きく役立つ。体育学部生は、血液の分析などを通して、スポーツでのけがをいかに未然に防ぐかといったことを学ぶことができる。

次に、地域に貢献する人材の育成である。天理大学は現在、地元・天理市や橿原市と包括連携協定を結び、体育学部は市の高齢者の体力維持を目的としたプログラムなどを実施している。そこに医療的な側面も加えることができる。

加えて、少子高齢化が進む日本社会で、医療従事者が行政と連携して、過疎地医療やそれぞれの地元の高齢者コミュニティーづくりの手伝いをすることは、実に大きなにおいがけになる。

三番目に、海外で活躍する医療人の養成である。長年、海外で布教活動をした筆者だが、複雑な現代社会では、率直に言って、言葉が話せるだけでは海外布教などできない。「外国語を話す」ことではなく「外国語で話す」ことの方が重要なのだ。そして問題は、何を話すかだろう。感染症などの不安が広がる世界で、医療技術を持った布教師の果たす役割は重要になる。事実、海外で看護師として活躍しているようぼくは少なくない。

現在、天理大学は「国際参加プロジェクト」というのを実施している。学生たちが東南アジアなどの発展途上国へ赴き、現地で井戸を掘るボランティア活動をしたり、現地の子供たちと交流したりするものだ。そのために参加学生は約半年、その国の文化などを学習する。これに医療学部生も参加することが可能になる。彼らがたとえ生涯を日本で暮らすとしても、海外での生活体験は人生を大きく豊かにする。「青年海外協力隊」などへの参加も積極的に考えていってほしい。

四番目に、現場復帰に必要な学びの場の提供である。図らずも、このたびのコロナ禍では、各地で医療従事者の不足が顕著になった。すでに看護職を離れて長い人、あるいは子育ての手が離れた人が社会人として再度学び直し（リカレント教育）をすることで、医療現場に復帰してもらえる機会をつくる。将来的には大学院も設置し、高度な専門的知識を持った医療者の育成も考えていく。

そして最後は、すでに述べたスポーツ医学的側面の強化だ。ラグビー部や柔道部の選手たちを医療の面で支える。

今、東南アジアなどから日本に来て看護師の資格を得ようとしている人は多い。それは日本にとっても人材不足を補える。しかし、そこには日本語能力という壁が大きく立ちはだかる。

実は、本教の日本語教育は、その世界ではつとに有名である。古くから天理大学には選科日本語科が置かれ、海外から来た多くの柔道家たちもそこで学んだ。現在、それが天理教語学院(TLI)、天理大学日本研究コースへと発展している。加えて、本教はパリやニューヨーク、シンガポールに日本語学校を設置している。特にパリのそれは、フランス最古の私立の日本語学校である。パリとニューヨークは天理大学の分校にもなっており、毎年のように留学生も来る。

筆者は個人的に、そのノウハウを活かし、将来、東南アジアなどからの留学生たちがまず日本語を学び、そして看護技術も身につけ、日本で働くことができるような道が開けないかと考えている。

もちろん、これらの実現にはさまざまな障害がある。しかし、新しいことを始めるときに障害が無いことなどない。それらを一つひとつ乗り越えていくことが、つまり改革でもある。これらは決して、はるか向こうにある夢ではない。

天理大学の建学の精神は「陽気ぐらし世界建設に寄与する人材の養成」である。これに基づいて「宗教性」「国際性」「貢献性」という三つの柱を立てている。今、医療大学との合併により、その設立の目的があらためて明確になりつつある。

（2021年7月号）

美しいたたずまい

ロンドンやパリの街並みは美しい。その理由は、建物の高さが統一されていることや看板が少ないということもあるが、電柱が完全に撤去されており、だから当然、電線も無いということもある。ヨーロッパだけではない。台北やシンガポールは九十％以上、ソウルでも約五十％が無電柱化されている。

日本では一九九六年に無電柱化推進法というのが制定されたが、残念ながら東京も大阪も一向に進まない。驚くことに、この法律制定後、四万本の電柱が撤去される一方で、七万本が新設されたという。このままいくと計算上、日本が完全に無電柱化されるには、あと三千年近くかかるらしい。

ちなみに、犬のフンやゴミが落ちていないという点では、パリ、ロンドンよりも東京、大阪の方がよほどきれいだ。これで電柱が無くなれば日本の景観はさらに美しくなり、一層住みやすくなると思う。

ところで、コロナ禍でいわゆる巣ごもりをしている人が多いという。それゆえ、インターネットの利用はますます盛んになっているようだ。そして最近、その動画投稿サイトに、本部神殿やその周辺を紹介している動画が時折アップされているのを見かける。おそらく教外の人だと思うのだが、動画を撮りながら皆一様に神殿や神苑が「大きい」「広い」と感嘆の声を上げている。

神殿や神苑は事実、物理的にもかなり大きく広いのだが、周囲に高いビルなど視界を遮蔽《しゃへい》するものがないので、より一層大きく見えるということもあるのではないか。そしてそれだけではない。よく見てほしい。神苑とその周辺には、電柱と電線が無い。すべて地下に埋められているのだ。さらに言えば、たとえば真南通り両端などには花々が植えられて、真南棟側から見ても実に美しい。

筆者は、神殿周辺が無電柱になった詳しいいきさつを知らないが、はっきり言えることは、景色が美しいと、それを見る人の心を和ませ清くする。逆にゴミ屋敷と言われるような所に住んでいると、やはり心もすさむ。だから、おぢばへ帰ってきた人たちの心が洗われるようなたたずまいを意識して、このように配慮されたのではないかと思う。

景観だけではない。人間でも、美しいたたずまいは相手に好感を与えるだけではなく、その当人の心を律し矜持《きょうじ》を保たせる。裁判官が法廷で法服を着用し、ラグビーなどのレフェリーが試合前にスパイクを磨き身だしなみを整えるのは、「裁く」ことの重大さを如実に物語っていると思う。

私たちは、祭典に際しておつとめ衣や教服を着用する。これも、その衣服そのものに意味があるのではなくて、それを着用することに意味がある。服装を正すことで、つとめに臨む心構えもまた、つくられていくのだと思う。

そう考えれば、教内で薄汚れたシャツの上にハッピ一枚引っ掛けただけで相手と対面する人がいるが、これはいかがなものだろうか。汗水たらしてひのきしんをしている最中に、急遽、用事ができたというのならともかく、そのような格好で事を済ますというのは宗教家として正しいだろうか。ブランド物を身に着けろというのでは決してなく、たたずまいを美しくするべきだということだ。

こう言うと、「ぼろは着てても心は錦」とあるではないかと反論されるかもしれない。水前寺清子の歌で有名になったこの言葉は、中国の老子の言葉を和訳したものだ。確かに、『おさしづ』にも「外の錦より心の錦、心の錦は神の望み。飾りは一つも要らん」（明治35・7・20）とある。しかし、それはたとえば単独布教など苦労の道中で、粗末なものしか着ることができないような状況でも、心には徳をたたえて清くあれという教えだと思う。時と場合に応じた服装を持っていながら、そんなことに頓着せず、だらしない格好でもいいと教えておられるのではない。

筆者は在仏中、おたすけや管内布教拠点に出かけるときは、最低でもジャケットの上着は着用した。それは、職業を問われたとき、宗教家と言うのに恥じない格好でいるべきだと考えたからだ。日本とヨーロッパでは、宗教家に対する一般の人の認識は同じではないが、しかし日本でも僧侶や神父と言われる人たちは、私用のときや家庭内でくつろいでいるときはそうでもないだろうが、教務のときは、町中でも必ずそれなりの服装をしている。

教祖のひながたの道中、まだまだ貧のどん底時代、教祖のご家族は田畑に出るときも常に木綿の紋付を着用された。秀司様は青物や柴を商うのにも紋付を着られ、村人たちから「紋付さん」と呼ばれたとある。今で言えば、トラクターで畑を耕したり、スーパーで野菜を売るのに、礼服を着用しているようなものだろう。外面的には、誠に妙な風体だったと思う。

それでも教祖は、畑仕事も野菜の行商も、単に家計を助けるためではなく、神の御用の一端をつかさどっているのだということを、服装のうえからも内外に明らかにしようとされたのではないか。そこには、道の人間としての矜持がある。

（2022年3月号）

絵画と宗教

今年二月、日本芸術院会員として新たに、ちばてつや氏ら二人のマンガ家が任命された。芸術院の会員名簿を見ると、これまでは能、歌舞伎、あるいは日本画、書道といった、どちらかといえば高尚な芸術を生業とする人たちが多いようだ。そこにマンガ家が入ったのである。同会員にマンガ家が任命されるのは初めてである。

筆者は子供のころ、ちばてつや氏の『あしたのジョー』や梶原一騎氏原作の『巨人の星』などに夢中になり、マンガ週刊誌の発行日には買いに走った。親には「マンガなど読んでないで、本を読め」と叱られたものだが、それが今や、マンガは諸外国では立派な日本文化の一つである。特に日本文化愛好家が多いフランスでは顕著で、マンガを意味するフランス語はあるが、日本のマンガは「ｍａｎｇａ」と、日本語がそのままローマ字表記され、他のマンガと区別されて本屋に並んでいる。つまり一つのジャンルとなっている。天理日仏文化協会の日本語学校には、マンガを日本語で読みたいからという理由で日本語を履修にきている高校生もいる。宮崎駿氏のアニメは、今やディズニーを凌ぐような人気である。

ヨーロッパでは、古くは日本の浮世絵が画家たちに多大な影響を与えた。ゴッホやルノアールは背景に浮世絵をそれとなく挿入したり、模写しているものもある。パリから車で一時間半ほどのジベルニーという村にはモネの家が当時のまま残っているが、家の内部の壁には浮世絵が所狭しと飾られている。

一方、ヨーロッパには風刺マンガ（カリカチュア）の文化がある。新聞紙上で政治家などをそれで揶揄《やゆ》する。これは言うなれば、権力をチェックする重要な役割も担っている。しかし、これで大騒ぎになったことがある。

二〇〇五年、あるデンマークの新聞社がイスラム教の開祖ムハンマドの風刺画を掲載した。イスラム教は偶像崇拝を禁じており、預言者つまりムハンマドを描くことは絶対に許されない。この風刺画が一部のヨーロッパの新聞に転載されたこともあり、世界中のイスラム教徒が各地で激しい抗議活動を行った。ある中東の国では、デンマーク大使館が焼き討ちされた。

フランスのある新聞社は、その後も時折ムハンマドのマンガを掲載した。ヨーロッパ社会にあって「表現の自由」は侵してはならない絶対的な価値観であり、宗教も例外ではないというのが新聞社の主張であった。

それに対し二〇一五年、イスラムの過激派が当該新聞社に乗り込み、マンガ家ら十二人を殺害するという大テロ事件が起きた。その後、授業中に、新聞に掲載されたムハンマドの絵を示して、生徒に表現の自由の大切さを説いた中学教師が首を切断され殺害されるという痛ましい事件も起こった。暴力には、もちろん断固反対だし表現の自由もゆるがせにしてはならないが、多くの人が尊崇の念を抱いている対象を、ことさら揶揄する必要性はあるのだろうか。

偶像崇拝という意味では、対極にあるのは仏教やヒンズー教だろう。仏教では日本にもたくさんの釈迦涅槃図、曼荼羅などの絵があり、礼拝の対象となっている。

絵画で表現することにはキリスト教も比較的寛容で、イエスやマリアが描かれた絵はたくさんある。ロシア正教など東方教会では、信者たちは「イコン」と呼ばれる板などに描かれたイエスなどの聖像画を拝したり、それに接吻をする。

他の項にも書いたが、絵で表現することによって教理が分かりやすくなるということはあるだろう。キリスト教の絵画で圧倒的に多いのは、「受胎告知」や十字架上で磔《はりつけ》になったイエスなど新約聖書の一場面である。これで読み書きのできなかった信者たちも、教えを一層理解しやすくなったのだ。

本教でも『劇画　教祖物語』が道友社から発行されている。中城健雄氏の美しい筆づかいもあり、子供だけではなく大人でも、当時の様子が彷彿とする。もちろん、画像にすることで偏った印象が脳裏に焼きついてしまう可能性がないわけではない。例えば、水戸黄門は実際はどのような人だったかはよく知らないが、テレビの影響で常に着物、野袴、陣羽織、頭巾姿だったと多くの人が思い込んでいる。そういう危険性もあるが、メリットの方がはるかに大きいと思う。

今後、時代が進むとともに、たとえば、おてふりの「ひのきしん」や「だいく」「ふしん」の動作の意味が分からなくなる恐れもある。そのとき、マンガによって当時の作業などが眼前にありありと浮かぶ。「元の理」なども絵で表現されることで、その難解さがいささか薄れる。教内にはマンガを描くことに長けた人も、おそらくたくさんいると思う。教理の紹介、先人の事歴、お道の諸々の活動なども描いていってもらいたい。布教活動に、マンガを大いに利用していってもいいのではないか。

余計なことだが、最後にひと言。昨今は「月日のやしろ」となられたあとの教祖のお顔の部分は隠して表現されている。しかし、お道にはイスラム教のような教理があるわけではないし、個人的にはお顔を描いてもいいのではないかと思っている。その方が、子供たちには教祖という存在が、より生き生きとして伝わると思うのだが。あくまでも筆者の個人的意見である。

（2022年7月号）

オンラインと信仰を考える

日本では五月八日に新型コロナの感染症法上の位置づけが、現在の二類相当から五類に変更される。この約三年間、黙食、マスクの着用、アクリル板越しの会話など窮屈な生活が続いてきたが、そこから徐々に解放されつつある。

ただコロナ禍は、悪いことばかりだったのかというと必ずしもそうではない。その一つがオンラインの活用だ。技術自体は以前からあったが、なかなか実際にそれを使うには至らなかった。それは、会社は出勤するもの、会議は顔を合わせてするものという固定観念があったからだろう。コロナ禍でそれができなくなり、結果的にオンラインの活用が飛躍的に伸びた。

オンラインで出張の必要がなくなり経済的、時間的余裕ができ、自宅で母親を介護できたという人もいる。オンライン診療は、移動が難しい高齢者や過疎地に住む人びとに大きな恩恵をもたらすだろう。先ごろ、議員のなり手不足に悩む地方議会では、オンラインによる本会議の審議が認められるようになった。これで議員も確保できるかもしれない。

古来、信仰に欠かせないものとして巡礼という行為がある。イスラム教徒のメッカ巡礼は有名だし、カトリックでも、フランスからスペイン国境を超えて歩くサンティアゴ・デ・コンポステーラへの巡礼がある。日本ではお遍路さんがよく知られている。サンティアゴ巡礼やお遍路さんは、労をいとわずその地に足を運ぶことによって、心を磨き信心を深めていくことを目的としている。苦労を乗り越えて聖なる地に到達したときの達成感が、信仰の喜びに昇華するからだ。

ところがネットには、巡礼をオンラインでできるサービスがある。身体の不自由な人や高齢者が自宅で気軽に礼拝できるようにという善意からだと思うが、それでも筆者には違和感がある。

では、おぢば帰りはどうなのか。ぢばに帰ることとは、その道中の苦労を尊ぶという巡礼とは少し意味が違う。本教の特徴の一つは、をびや許しやお守りなどは一般教会では下付されない。ぢばに帰らねば戴けないということだ。事務的な事柄と思われるようなこと、たとえば教会の祭典日の変更や建物の改築といったことも、すべてぢばに帰り神の許しを受けることが必要だ。

クリスマスは世界中のキリスト教会で祭儀をする。同様に、お釈迦様の花祭りも世界中の仏教寺院で行われる。毎月二十五日は日本中の天神様で祭りが行われる。しかし、本教では毎月二十六日や四月十八日は祭典日なのに、他宗教と違って一般教会は祭りをしない。なぜならば、ぢばの祭典に参拝するからだ。事ほどさように、道の信仰にとって、ぢばに帰るということは必要不可欠なことなのだ。将来的には、各種講習会などは各地でオンラインで受講できる日が来るかもしれないが、オンラインによるおぢば帰りは今後もあり得ないと思う。

ただ現実に、仕事があり、ぢばの祭典に参拝できないという人は多いだろう。これに対して、逆にオンラインを活用することはできると思う。つまり、たとえば詰所にＷｉ‐Ｆｉ機能を完備し、それなりの部屋もこしらえて、帰参中、祭典以外の時間にオンラインで仕事ができるように配慮することはできないだろうか。そもそも詰所の開設は、神の、帰参する子供の便宜を図ってやれという『おさしづ』に基づいている。Ｗｉ‐Ｆｉ設備の設置も、それほど費用が掛かるものではない。

ところで、サルと人間の違いはたくさんあるが、一つは、人間には共食《きょうしょく》の文化があるということだ。サルは物を食べるとき、孤になる。確かにサル山にみかんを投げると、受け取ったサルはそれを持って一目散に隅の方に逃げて独りで食べる。一方、人間は食事の際、わざわざ集まってきて一緒に食べる。それは食事が単に生命維持のためにやっていることではなく、家族、友人など人と人がつながり合っていることの喜びを再認識するための行為だからだ。食べ物はいわばその媒体役だ。したがって、昨今よく言われる孤食は、人間本来のあり方ではない。

霊長類研究の世界的権威である山極壽一氏は、ゴリラでもチンパンジーでも食べ物を持ってきて仲間に与えるという行為はしないという。さらに、人間は「歌う」「踊る」という行為を通じて、離れた状態のまま他人の身体と自分の身体を合わせ、これが「共感」の源となる。人間は食物の分配とともに踊る身体を手に入れ、共感力を使った新たな社会性を持つことができるようになったのだと説いている。そのために、時にはスマホを離そうと呼びかけている（※）。この共感力をオンラインで培うことはできにくい。

オンラインは時間を短縮し、負担を軽減してくれる。これからも大いに利用するべきだ。

しかし、そんな現代だからこそ、もろもろの都合を排し、難渋をいとわずぢばに足を運ぶことには大きな意義がある。つとめの際にともにお歌を唱和することで、神との、同時に信仰者同士の一体感を味わい、精神は高揚する。詰所でとりとめのない話題に興じつつ、ともに食事をすることで心の和音が共鳴する。

少なくとも、コロナの障害はほとんどなくなった。ぢばに帰ろう。

（2023年4月号）

※『スマホを捨てたい子どもたち』（ポプラ新書）

あとがき

人類の長い歴史の中で、幾度か革命的に社会のあり方を変えてしまうようなイノベーションはあった。

十五世紀、ヨハネス・グーテンベルクの活版印刷技術の発明は、不特定多数の人に物事を知らしめることが容易になり、宗教改革に大きな影響を与え、また聖書の世界的な広がりを可能にした。

十八世紀から十九世紀にかけて起こった産業革命では、人間の手から機械による物の製造が飛躍的に進み、大量生産が可能になった。

二十世紀、ヘンリー・フォードが自動車を一般大衆に販売し普及させたことにより、人間一人ひとりの行動範囲がそれ以前に比べて格段に広くなり、人びとの暮らしは一変した。

しかし、そういった諸々の発明時に比べて、昨今のデジタル技術の発展による人間社会の変化の度合いははるかに大きいと思う。

そもそも印刷物が不要になりつつあり、移動する必要性もなくなりつつある。情報は瞬時に世界に拡散される。人間の目より遥かに精緻な視線がものを見分け、文章は人工知能（ＡＩ）が書き、病理診断もＡＩが下す。しかも、毎日のようにそれらがアップグレードしていく。ただし、デジタルが映し出す画面は厳然たる事実であっても、ＡＩが綴る言葉は紛うことなき事実を語っていても、それらは「作られたもの」であることは間違いない。人間の目が捉えたものではなく、人間の口によって語られたものではないからだ。

一方、夫婦、親子など家族の問題、治安の悪化、著しい格差の広がり、貧しい国から富める国への移民の大移動、核兵器による威嚇、日本国内の問題としては増え続ける児童虐待、人口減少などなど、天理教で言う「事情」はますます増加している。

宗教はもはや賞味期限を過ぎたという人もいるが、本当にそうだろうか。ある人は、いま人間社会に必要なのは「今何が生まれようとしているのか、それは人類にどのような意味を持つかを説明できる、ＡＩ時代のデカルトでありカントだ」（『ＡＩと人類』ヘンリー・キッシンジャー他著　日本経済新聞出版）という。機械には、自らの業に対する哲学はない。さらに人間関係の機微を理解し、もつれた糸をほぐそうとする意志もないだろう。

教祖はおふでさきで、

せかいぢうをふくらするそのうちわ
一れつハみなもやのごとくや
（六　14）

にち〳〵にすむしわかりしむねのうち
せゑぢんしたいみへてくるぞや
（六　15）

と教えられる。

靄の渦中のような混沌とした世にあって、目に見えない畏れる存在を感じ、それに対峙し心を澄まそうとするとき、人は謙虚に自らの言動を省みざるを得なくなる。そのとき、そこに正義があるか否かを問う。その姿勢が、人類を成人へと導いていくのではないか。

この連載中、筆者は妻を亡くした。妻は、筆者にとって最大の愛読者であった。『みちのとも』誌が我が家に着くや、まず一番に筆者のコラムを読んだ。しかし、そのあと、「良い」とも「悪い」ともひと言も言ったことがなかった。「悪い」と言っても反省しない、「良い」と言ったら有頂天になるだろう筆者の性格を知っていたからかもしれない。

まとまった本書を見て、今、妻のみたまは「まあ、良かったんじゃない」ぐらいは言ってくれているかもしれない。

本書の発行に当たって尽力くださった天理教道友社、養徳社の編集部の皆さんに心より感謝します。

令和六年一月

永尾　教昭

《著者》

永尾 教昭（ながお・のりあき）

1956年京都市生まれ。
天理大学外国語学部フランス学科卒。

1984年から2009年まで25年間、天理教ヨーロッパ出張所（在パリ）勤務（1995年からは同所長）。
その後天理教海外部次長、天理教道友社社長、学校法人天理大学常務理事などを経て、2016年から2023年まで天理大学学長。

現在、天理教教会本部本部員、株式会社養徳社代表取締役社長、公益財団法人世界宗教者平和会議日本委員会理事。
著書に『在欧25年』（天理大学おやさと研究所）他。

購入者特典

Special Movie!

本書を手に取っていただいた皆さまへ、
著者よりメッセージが届いています。
ぜひご覧ください。

世界へのまなざし

令和 6 年 1 月 25 日初版第 1 刷発行

著　　者　永尾教昭

発 行 所　図書出版　養徳社
〒632-0016
奈良県天理市川原城町 388
電話（0743)-62-4503
振替　00990-3-17694

印刷・製本　（株）天理時報社
〒632-0083
奈良県天理市稲葉町 80

ISBN 978-4-8426-0137-3
定価はカバーに表示してあります。